KB000114

원 해빗

새로운 나를 만드는 기적의 습관도구

원 해빗

한상만 지음

ONE
HABIT

미래의창

하루 1분이 만드는 기적

성근습원性近習遠. 《논어》에 나오는 말로, "타고나기는 다 엇비슷해서 별 차이가 없지만 습관에 따라 차이가 크게 난다"는 뜻이다.

공자는 천성이 아니라 노력, 즉 습관의 힘에 주목했다. 공자가 살던 시대에도 작심삼일이 되는 현실을 고민했고, 공자는 천성보다는 습관을 내세웠다. 이런 공자의 가르침은 2,500년이 지난 지금도 유효하다.

예상치 못한 위기가 지속되면서 습관의 중요도는 더욱 커졌다. 변화하는 환경 속에서 자신을 온전히 지킬 수 있는 자기관리 능력은 습관에서 나오기 때문이다. 사실 습관의 중요도야 누구나 인정하지만, 문제는 실천이다.

8%. 새해 결심을 이루는 사람의 비율로, 미국의 한 연구팀에서 조사한 결과다.[1] 그렇다면 92%는 계획한 일을 끝까지 해내지 못한다는 말이다. 새삼스럽게 놀랄 일은 아니다. 다이어트, 운동, 금연, 자기계발 등 숱한 목표를 세우고 굳은 의지로 시작하지만 작심삼일에 그치는 모습을 얼마나 많이 보아왔는가. 부끄럽지만 나도 예외는 아니었다.

"강의를 들으면 할 수 있을 것 같은데, 시간이 지나면서 흐지부지 끝나는 게 문제예요. 어떻게 하면 꾸준히 실천할 수 있을까요?"

강의하면서 많이 받는 질문이다. 전에는 "쉽지 않지만 다시 한 번 해보자"는 식으로 모호하게 얼버무렸지만 이제는 자신 있게 대답한다.

"그 행동을 습관으로 만드시면 됩니다. 쉬운 방법을 알려드리겠습니다."

2012년, 갑작스런 허리 통증으로 병원에 입원하면서 습관에 관심을 갖기 시작했다. 직장에 다니면서 박사학위 논문을 준비하던 때라 책상에 앉아 있는 시간이 길었다. 운동할 시간을 내기 어려웠고, 어쩌다 짬이 나도 운동보다는 쉬고 싶은 마음이 앞섰다.

그러던 어느 날, 집에서 허리를 붙잡고 쓰러졌다. 처음으로 119구급차에 실려 병원으로 이송되었다. 다행히 며칠 후 퇴원했지만, 나름 건강을 자신해온 나로서는 큰 충격이었다. 의사는 척추 주변 근육이 약해졌다면서 걷기운동을 권유했다.

그때부터 만보걷기에 도전했지만 작심삼일의 연속이었다. 허리가 아플 때는 반드시 운동해야 한다며 의지를 불태웠지만, 통증이 누그러지고 컨디션이 나아지면 굳은 의지도 눈 녹듯 사라졌다. 그때마다 자책이 앞섰다. '나는 원래 의지력이 약해서 안 되나 봐.'

그러다가 자책을 질문으로 바꿨다. '어떻게 하면 습관을 쉽게 만들 수 있을까?'

머릿속을 맴도는 질문의 답을 찾기 위해 과학적으로 검증된 수백 편의 연구 논문을 분석하고, 실천을 통해 이를 검증했다. 숱한 시행착오 끝에 나만의 방법인 '원 해빗'ONE HABIT을 완성했다. 탄탄한 이론적 근거와 반복된 검증을 통해 도출된 원 해빗은 누구나 쉽게 적용할 수 있는 8단계의 습관 형성 비법이다. 목표 설정부터 실천 방법은 물론 장애 극복 방법까지 습관의 모든 것을 정리한 8단계를 하나씩 실천하다

보면 습관을 쉽게 들일 수 있다.

2015년부터 이 방법을 적용해 만보걷기를 시작으로 지금까지 새로운 습관 9개를 얻고, 나쁜 습관 3개를 버리는 데 성공했다. 나아가 강의와 코칭을 통해 나의 이런 습관 노하우를 널리 나누고 있으며, 좋은 반응을 얻고 있다.

운동이나 다이어트에 관한 사람들의 대화를 들어보면 다들 전문가 수준이다. 그 정도로 우리는 이미 충분히 알고 있지만 늘 문제는 실천이다. 답은 원 해빗에 있다. 그것은 곧 행동으로 연결된다. 왜 그런가?

첫째, 성공률이 높다. 나를 비롯한 많은 사람들이 실행하여 놀라운 효과를 보았다. 원 해빗을 적용한 105명 가운데 64명이 자기가 원하는 바대로 한 달 넘게 습관을 들이는 데 성공했다. 성공률이 61%다.

다이어트에 번번이 실패하는 사람, 운동할 시간이 없어 속상한 사람, 공부하려고 했는데 책상 정리만 하다 지치는 사람, 강의를 듣거나 책을 볼 때는 쉽게 될 것 같은데 실제로 해보면 울화만 터졌던 사람들에게 추천한다.

둘째, 바쁜 사람도 쉽게 할 수 있다. 우리는 늘 바쁘다. 방송에서 멋진 몸매를 자랑하는 유명인들처럼 하루에 몇 시간씩 운동에 투자할 수도 없고, 좋은 식단을 챙길 여유도 없다.

하지만 바쁘다는 이유로 좋은 습관을 포기할 수 없다. 좋은 습관은 우리의 건강과 행복에 직결되기 때문이다. 원 해빗은 하루 1분이면 된다. 아무리 바쁜들 자신을 위해 1분을 낼 수 없겠는가.

셋째, 나만의 방법이다. 모든 사람이 똑같은 효과를 보는 방법은 없다. 사람마다 특성이 다르기 때문이다. 내게 맞는 방법을 찾아야 한다. 원 해빗은 나의 특성을 반영할 수 있는 맞춤형 전략이다.

이 책은 4부로 구성된다.

1부에서는 습관에 필요한 의지력 관리법을 다룬다. 근본적인 변화를 원하는 사람에게 추천한다. 2부에서는 습관의 핵심 전략, 원 해빗을 소개한다. 시간이 없는 독자는 2부만 읽어도 어느 정도 효과를 볼 수 있다. 3부에서는 개인별 특성을 고려한 맞춤 전략을 제시하며, 4부에서는 습관들이기의 실제 사례를 주제별로 소개한다.

이 책에서 소개하는 방법이 너무 많다고 부담을 가질 필요는 없다. 자기한테 필요한 것만 골라서 실행하면 된다.

오랫동안 습관을 공부하고 실천하면서 깨달은 것이 있다. 습관의 원리와 효과적인 방법들이 과학적으로 검증되었다는

○ **ONE HABIT 개념도**

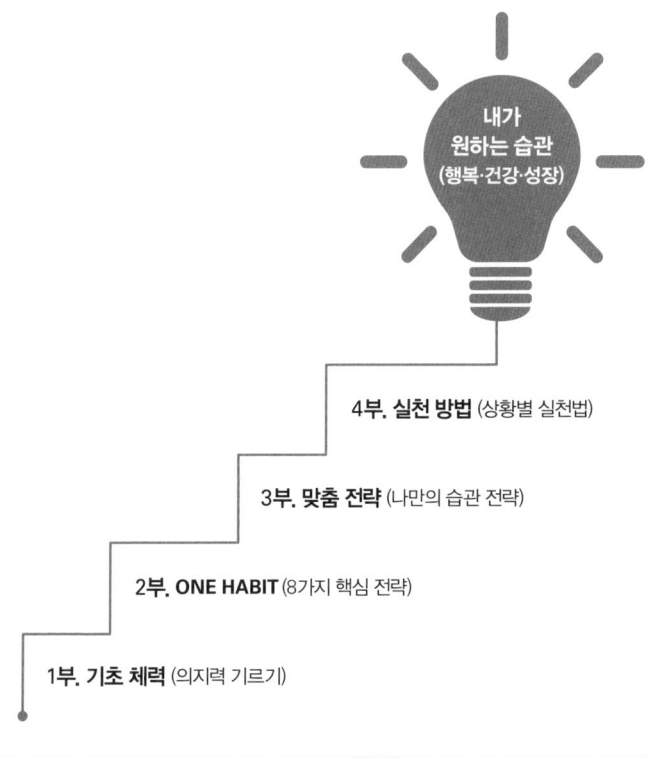

**내가
원하는 습관
(행복·건강·성장)**

4부. 실천 방법 (상황별 실천법)

3부. 맞춤 전략 (나만의 습관 전략)

2부. ONE HABIT (8가지 핵심 전략)

1부. 기초 체력 (의지력 기르기)

사실이다. 습관은 과학이다. 따라서 습관의 원리를 이해하면 좋은 습관을 만들 수 있다. 끝까지 해내는 8%가 되는 방법은 간단하다. 이 책을 읽고, 하루에 1분만 투자하면 된다. 곧바로 시작해보자.

제1부 • 기초 체력
습관 형성을 위한 의지력 기르기

제2부 • ONE HABIT
습관 형성을 위한 8단계 전략

제3부 • 맞춤 전략
습관 형성을 위한 나만의 전략

제4부 · 실천 방법
습관을 완성하는 상황별 실천법

습관 형성을 위한
의지력 기르기

습관도
실력이다

○

습관은 삶의 중요한 바탕이다

대학생이 되어 카페에 처음 갔을 때가 떠오른다. 멋모르고 에스프레소를 주문했다가 쓴 맛에 깜짝 놀랐다. '이렇게 쓴 것을 누가 마실까?' 알고 보니 에스프레소는 모든 커피의 기본이었다.

커피에서 에스프레소가 기본이듯 우리 삶에도 중요한 기본이 하나 있다. 바로 습관이다. 사람들의 고민을 찬찬히 들어보면 모두 습관과 관련된다. 경력 관리는 일하는 습관과 공부 습관에 해당하고, 재무 관리는 소비와 투자 습관과 연결된다. 건강과 다이어트는 운동 습관과 식습관으로 관리할 수 있다. 자녀 양육은 자녀에게 좋은 습관을 만들어 주는 것이며, 독서나 취미 활동 또한 습관들이기 나름이다. 따라서 습관은 자기 관리의 핵심이다. 급변하는 환경에서 자기가 통제할 수 있는 유일한 대상은 자기 자신이다. 자기 관리는 앞으로도 변함없이 중요할 것이고, 그 핵심은 바로 습관이다.

내가 만든 습관이 나를 만든다

"우리가 반복하는 행동이 곧 우리 자신이며, 탁월함이란 곧 습관이다."

고대 그리스의 철학자 아리스토텔레스가 한 말이다. 그는 "탁월한 사람이라서 올바르게 행동하는 것이 아니라 올바르게 행동하기 때문에 탁월한 사람이 되는 것"이라고도 했다. 지금의 나는 무수히 반복된 행동, 즉 습관이 빚은 결과라는 것이다.

우리는 호흡하듯 습관을 실행한다. 양치할 때 칫솔을 어느 손으로 잡을지, 윗니와 아랫니 가운데 어디부터 닦을지를 고민하진 않는다. 습관이기 때문이다.

직장인의 일과를 보자. 알람 듣고 기상하기, 세면하고 출근 준비하기, 정해진 경로로 출근하기, 모닝커피 마시기, 컴퓨터 켜고 메일 확인하기, 회의 참석하기, 업무 처리하기, 거래처 통화하기, 점심식사하기, 티타임 갖기, 업무보고하기, 동료와 대화하기, 퇴근하기, 저녁식사하기, 여가활동하기, 씻고 잠자리 들면서 알람 확인하기, 잠자기…… 우리의 이런 일상은 대부분 반복되는 습관이다. 이렇게 형성된 습관이 바로 삶이 된다.

습관은 우리의 삶에 영향을 미치는 데서 나아가 일상이 되어 삶을 이룬다. 공부 잘하는 학생이 되려면 학기 내내 꾸준히 공부하는 습관을 들여야 한다. 벼락치기 공부로는 한계가 있다. 튼튼한 치아는 좋은 양치 습관 덕분이고, 건강한 심신은 좋은 운동 습관 덕분인 것도 같은 맥락이다. 좋은 습관을 가진 사람이 공부, 일, 건강 그리고 인간관계에 두루 뛰어나다는 사실은 연구를 통해 입증되었다. 좋은 습관이 좋은 인생을 낳는다. 결국 습관이 실력이고 자산이다.

술버릇이 나쁘다, 즉 주사가 있다는 말을 듣는 것도 습관 탓이다. 처음에는 내가 술을 마시지만 나중에는 술이 나를 마시게 된다. 습관도 마찬가지다. 처음에는 내가 습관을 만들지만 나중에는 습관이 나를 만든다.

사실 나쁜 습관은 굳이 애쓰지 않아도 쉽사리 몸에 배지만 좋은 습관은 어지간한 노력으로는 만들기 어렵다. 나쁜 습관은 부메랑이 되어 내게 돌아온다. 자기도 모르게 습관에 지배당하는 자신을 들여다 봐야 한다.

습관도 관리할 필요가 있다

습관은 성공으로 연결된다. 좋은 습관은 탁월한 성과를 내는 데 도움이 되지만, 이 책에서 추구하는 습관 관리의 목적은 '성장과 행복'이다. 작은 습관을 실천하는 과정에서 어제보다 조금 더 성장하고, 소소한 행복을 느낀다면 그것으로 충분하다. 좋은 습관이 꾸준히 쌓이면 성공으로 연결되겠지만, 처음부터 성공하겠다는 강박으로 습관을 만드는 데 매달린다면 재미도 없을뿐더러 스트레스에 시달릴 것이다. 성장과 행복을 위한 습관 관리가 더 중요하다.

"삶을 변화시킬 수 없는 책이나 이론은 아무런 소용이 없다는 걸 알았네."

20세기를 대표하는 경제학자 조지프 슘페터의 성찰이다. 삶을 실제로 변화시키는 것은 책이나 이론이 아니라 습관이다. 아무리 훌륭한 이론이라도 일상에 적용되지 않으면 쓸모가 없다. 클릭 한 번으로 많은 정보를 얻을 수 있는 세상에서 전문 지식은 더 이상 전문가만의 전유물이 아니다. 문제는 지식은 넘치지만 행동으로 연결되지 않는다는 점이다. 습관은 지식을 행동으로 옮기는 가장 좋은 방법이다.

불확실한 미래에 대비하는 가장 좋은 방법은 미래를 스스로 만드는 것이다. 습관은 미래를 만드는 확실한 방법이다. 세 살 버릇이 여든까지 간다는 속담도 습관의 힘을 말해준다. 습관이란 그만큼 무섭다. 그래서 습관은 관리가 필요하다. 습관을 관리하려면 먼저 현재 나의 상태를 점검해야 한다. 이를 위해, 나의 습관을 3가지로 나누어 살펴본다.

첫째, 유지하고 싶은 습관이다. 지금까지 내 삶에 긍정적인 영향을 준 습관이다. 유지하고 싶은 습관은 모범생이니 다그치지 말고 격려만 해주면 된다. 여유가 된다면 이 습관을 계속 유지하는 데 도움이 되는 방법을 생각한다.

둘째, 버리고 싶은 습관이다. 내 삶에 부정적인 영향을 준 습관이다. 가장 먼저 버리고 싶은 습관 하나를 고른다. 그리고 그 습관과 헤어질 마음의 준비를 한다. 버리고 싶은 습관을 없애거나 좋은 습관으로 바꾸는 방법은 나중에 소개한다.

셋째, 새롭게 만들고 싶은 습관이다. 지금까지는 없었지만 새로 만들면 내가 더 행복해질 것 같은 습관이다. 갖고 싶은 습관이 많겠지만, 가장 먼저 만들고 싶은 습관 하나를 생각한다. 새로운 습관을 만드는 방법도 뒤에서 자세히 설명한다.

"우리가 반복하는 행동이
곧 우리 자신이며,
탁월함이란 곧 습관이다."

– 아리스토텔레스

습관은 최고 수익률의
투자상품

○

습관은 자율주행 시스템이다

휴가 때나 명절에 장시간 운전을 하면 졸리고 허리도 아프다. 그럴 때면 상상의 나래를 펴곤 한다. '자동차가 다 알아서 나를 목적지에 데려다주면 얼마나 좋을까?'

그런 상상 속의 자율주행 자동차가 마침내 현실이 되었다. 운전자가 운전 조작을 하지 않아도 자동차가 알아서 도로를 달린다. 오토파일럿 기능이다. 오토파일럿은 애초에 항공기에 적용된 기술로, 출발지 공항부터 목적지 공항까지 레이더 관제를 통해 비행 운행은 물론 공항 진입과 착륙까지 자동으로 조종된다. 이런 기술이 자동차에도 적용된 것이다. 자율주행 자동차를 타면 얼마나 편할지 벌써부터 기대된다.

습관도 이런 자율주행 시스템처럼 알아서 척척 실행된다면 얼마나 좋을까?

인간의 행동은 흔히 자동적인 행동과 절제된 행동으로 구분된다. 자기 절제를 잘하는 사람이 절제된 행동을 더 많이 할 것으로 생각되겠지만, 실제 행동의 대부분은 자동적인 행동, 즉 습관에 의한 것이다. 내가 하는 행동이므로 내 의도가 크게 반영될 것 같지만 대부분의 행동은 무의식적이고 자동적인 습관으로 이뤄진다. 왜 그럴까?

오늘 아침에 했던 행동을 의식적으로 노력해서 했다고 치자. 알람소리에 눈을 떴을 때 어느 손으로 알람을 끌지 결정하고, 일어날 때는 어느 손을 짚고 일어날지를 선택한다. 다음으로 잠자리 정리와 씻는 것 중 어떤 것을 먼저 할지, 양치할 때는 치약의 어느 부분을 누를지, 머리를 말릴 때는 어느 부분을 먼저 말릴지, 셔츠를 입을 때는 어느 단추부터 채울지, 양말은 어느 발부터 신을지 등을 일일이 결정해서 한다면 어떻게 될까? 아마도 집을 나서기도 전에 지쳐 쓰러질 것이다.

습관은 의식적으로 애쓰지 않아도 자동으로 실행되는 자율주행 시스템과 같다. 지금 다리를 꼬고 있거나 고개를 끄

덕였다면, 그 행동은 무의식적으로 이뤄졌을 것이다. 자동으로 실행되는 습관은 에너지가 거의 들지 않는다. 의식적으로 생각하고 결정을 내리려면 에너지가 필요하다. 에너지는 제한적이므로 사소한 일을 매번 힘들여 결정해야 한다면 피곤해서 견디지 못할 것이다.

이처럼 습관은 중요하거나 긴급한 일을 처리하는 데 필요한 에너지를 절약시켜 만약을 대비할 수 있게 도와준다. 습관은 경제적인 자율주행 시스템이다.

습관은 가장 매력적인 투자 상품이다

인생에서 가장 적은 투자로 가장 큰 수익을 내는 투자 상품이 있다. 뭘까? 바로 습관이다.

습관에는 그다지 큰 비용이 들지 않는다. 처음 습관을 만들 때만 신경 쓰면 되고, 일단 습관이 되고 나면 유지비가 거의 들지 않는다. 어떤 행동이 습관으로 정착되고 나면 그 행동이 무의식적으로 이뤄지기 때문이다. 한번 양치 습관이 들면 날마다 양치하는 것이 어렵지 않게 된다. 양치를 안 하면 오히려 기분이 찜찜해진다.

자동적인 습관은 안정적인 수익이 보장된 투자 상품이나

○ 습관은 일단 만들어지면 저절로 유지된다

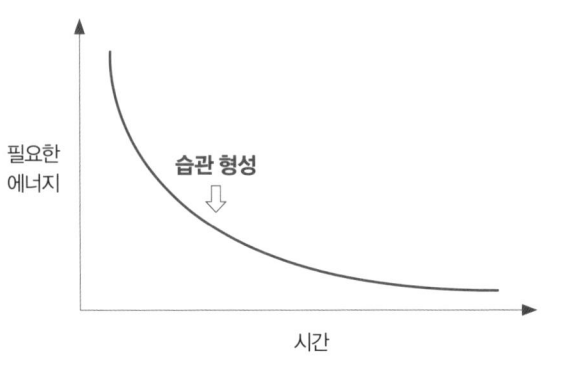

마찬가지다. 습관이 들면 애써 의식하지 않아도 자동으로 실행되므로 평생 동안 안정적인 수익을 얻을 수 있다. 날마다 운동하는 습관을 들인다면, 평생 건강하게 지낼 확률이 높아진다. 건강이라는 수익은 어떤 금전적인 수익보다 수익률이 높다. 습관에 따른 자기계발도 그에 못지않게 수익률이 높다. 자기계발을 통해 자신의 가치를 높이면 좋은 조건으로 오래 일할 수 있기 때문이다.

"좋은 습관은 복리로 쌓인다." 자기계발 전문가 제임스 클리어James Clear가 《아주 작은 습관의 힘》에서 한 말이다. 돈이 복리로 불어나듯 습관의 결과도 반복되면 기하급수로 불어난다는 뜻이다. 날마다 1%씩만 나아진다 해도 1년 후에는 37배나 성장해 있을 것이라는 얘기다. 복리의 효과다. 좀 과장되었다 해도 습관의 효과가 그만큼 크다는 것은 분명하다.

서서히 작은 것부터 시작해야 끝까지 간다

중학생 시절, 시험을 2주 앞두고 큰 결심을 했다. 평소 3시간 이상 공부한 적이 없는데, 하루에 6시간씩 공부하겠다는 목표를 세웠다. 첫날, 목표를 달성하지 못했다. 다음날에도 실패했고, 결국 며칠 지나지 않아 포기했다. 당연한 결과다. 그때로 돌아간다면, 과욕을 부리지 않고 1시간이라도 내가 꾸준히 실천할 수 있을 정도로만 계획을 세울 것이다.

오래된 습관을 한 번에 멈추려는 시도는 고속도로에서 시속 100km로 달리는 자동차를 갑자기 멈추는 것과 같다. 급제동은 위험하다. 서서히 속도를 줄인 후에 멈추는 것이 안전하다. 출발할 때도 마찬가지다. 급출발은 차량에 무리를 주므로 서서히 출발하는 것이 좋다. 급격한 변화보다는 점진적인 변화가 효과적이다.

습관도 서서히 들이면 좋다. 그동안 전혀 운동을 하지 않다가 갑자기 몇 시간씩 심한 운동을 하면 근육경련이 나고 몸살이 난다. 몸이 적응할 수 있도록 가벼운 운동부터 시작하여 서서히 난도와 시간을 늘려가며 습관을 들인다. 처음에는 5분으로 시작해서 몸의 적응력에 따라 차츰 10분, 15분, 20분으로 늘리다가 자신감이 붙으면 30분 이상 꾸준히 운동한다. 마음 같아서는 오늘부터 당장 1시간씩 운동하고 싶겠지만, 지속하기 어렵고 몸에 무리가 갈 수 있다.

우리는 다양한 습관을 갖고 있다. 습관의 자율주행에 우리 삶이 맡겨져 있다고 해도 과언이 아니다. 습관은 방향이 정해지면 꾸준히 직진하므로 첫 시작이 중요하다. 느린 속도에 답답할 수도 있지만, 서서히 그리고 작게 출발해야 한다. 속도나 난도는 습관을 들여가면서 나중에 얼마든지 높일 수 있다. 습관들이기에서 과욕은 금물이다.

가벼운 습관의
힘

○

작심삼일도 습관이 된다

누구나 좋은 습관을 들이길 원하지만 그게 말처럼 쉽지가 않다. 새해가 되면 사람들은 '습관'적으로 여러 가지 새로운 계획을 세운다. 반드시 실행하리라 굳게 마음먹지만 며칠 지나지 않아 계획도 결심도 흐지부지 끝나고 만다. 작심삼일이다. 나도 어려서부터 작심삼일을 하도 자주 반복하다보니 아예 습관이 되어서 익숙해졌다. 그러다보니 나중에는 무슨 계획을 세워도 꼭 지킨다는 각오보다는 '일단 해보고 안 되면 말지' 하는 안이한 생각에 빠지게 되었다.

"여러 번 되풀이함으로써 저절로 익고 굳어진 행동 또는 치우쳐서 고치기 어렵게 된 성질."

습관에 대한 사전의 정의처럼 굳어져 고치기 어렵게 된 성질이 습관이다. 한번 습관이 들면 쉽게 바뀌지 않는다. 작심삼일도 반복되면 습관이 된다.

나는 작심삼일의 습관을 버리고 싶었다. 그래서 문제해결의 실마리를 과거 경험에서 찾았다. 만보걷기에 도전하던 때를 떠올렸다. 당시 열정은 대단했다. 이번만큼은 꼭 실천해서 허리가 아프지 않았으면 하는 마음뿐이었다. 퇴근 후 1시간씩 걷기로 결심했다. 계획을 세우자 마음이 뜨거워졌다. 이번만큼은 꼭 될 것 같았다.

그런데 계획 후 바로 시작하려고 했는데, 너무 늦은 시간이어서 다음날로 미뤘다. 다음날에는 예상치 못한 야근을 해야 했다. 좀 피곤하더라도 운동을 할까 고민하다가 자신과 타협했다. '오늘은 피곤하니까, 푹 자고 내일부터 열심히 하는 게 낫겠다.'

그 후 이런 편리한 자기합리화가 몇 차례 반복되는 사이에 열정은 차갑게 식어갔고, 도전도 흐지부지 끝났다.

습관에는 관성의 법칙이 작용한다. 관성의 법칙이란 외부에서 힘이 가해지지 않으면 운동하는 물체는 계속 운동하려는 성질이 있다는 물리학 개념이다. 작심삼일도 습관이 되면 관성의 법칙이 작용한다. 그 관성을 멈추게 하고 싶다면 외부에서 힘을 가해야 한다.

습관이 부담이 될 때

자기관리에 관심이 많은 사람들이 가장 즐겨 세우는 계획은 운동하는 습관과 자기계발 습관을 들이는 일이다. 날마다 1시간씩 운동하기, 날마다 1시간씩 영어 공부하기, 일주일에 책 한 권 읽기 같은 것들이다. 그런 것들이 생각처럼 실제로 이뤄진다면 인생이 바뀔 것이다. 그러나 문제는 늘 실현 가능성이다. 내 강의에 참여한 분들도 대부분 그런 계획을 세운다고 한다. 그래서 얼마나 실행했는지 물어보면 다들 고개를 가로젓는다.

"몇 번 하다가 힘들어서 포기하곤 했어요. 바빠서 시간 내기가 쉽지 않아요."

매일 1시간씩이나 새로운 습관을 들이는 데 투자하는 것은 현실적으로 쉽지 않다. 이럴 때는 어떻게 하면 좋을까? 습관 계획을 잘게 나눠서 가볍게 만들면 된다.

습관을 짐이라고 가정하면, 안하던 운동을 갑자기 매일 1시간씩 하는 것은 너무 무거운 짐이다. 그런 짐을 갑자기 지

먼저 가벼운 습관으로 시작해 부담을 줄인다

면 몸에 무리가 간다. 그러니 하루 이틀만 지고 나도 몸살로 드러눕기 십상이다. 이럴 때는 짐을 작게 나누어 가볍게 만들면 된다. 가벼워지면 부담 없이 매일 질 수 있다. 작은 짐으로 시작해서 차츰 짐을 키워가다 보면 나중에는 몸에 아무 무리 없이 원하는 만큼의 짐을 질 수 있게 된다.

마라토너의 신발과 순례자의 배낭은 가벼워야 하듯이, 매일 실천하는 습관도 가벼워야 성공한다.

1분이면 충분하다

어느 정도의 시간이면 가벼울까? 하루 1분이면 된다. 하루는 1,440분이고, 1분은 그 0.1% 남짓의 짧은 시간이다. 그러니 누구든 아무리 바빠도 1분을 빼서 쓰는 건 부담이 없을 테다. 하지만 마음 한구석에 여전히 의문이 남는다.

'기껏 1분으로 무슨 운동효과가 있을까? 30분 이상은 땀나게 하라던데……'

일리 있는 의문이다. 운동은 일정 시간 동안 땀이 나도록 해야 효과가 있다는 건 두 말할 필요 없는 상식이니 말이다.

하지만 시원찮아 보이는 그 1분이 기적의 마법을 펼친다. 냉정하게 짚어보자. 평소에 전혀 운동을 하지 않은 사람이라면 1분이라도 하는 게 낫다는 건 틀림없다. 처음부터 갑자기 '매일 1시간 운동'을 지속할 수 있는 사람은 없다. 시간도 문제가 되겠지만 우선 몸이 견뎌내지 못한다. 남에게 보여주려고 하는 운동이 아니므로, 철저하게 나의 시간과 상태에 맞춰 지속가능한 계획을 세워 습관을 들여야 한다.

1시간이 부담스러워 포기하는 것보다는 일단 1분이라도 꾸준히 하고 보는 것이다. 남의 시선보다는 자기 자신에게 온전히 집중한다. 나의 건강과 행복에 도움이 된다면야 1분 습관이 짧다고 부끄러워할 필요 없다. 체면과 허세로는 내 인생을 온전히 살 수 없다.

운동도 운동이려니와 운동 말고도 1분에 들일 수 있는 습관은 많다. 나뿐만 아니라 내 강의와 코칭에 참여한 많은 사람들도 실제로 겪은 일이다. 우선 나부터 이 책을 쓰면서 새롭게 만든 습관 9개 가운데 1분이면 되는 습관이 7개나 된다.

- 감사 일기 쓰기 (감사한 일 3가지 쓰기)
- 체중 측정
- 팔굽혀펴기 20회
- 누워서 다리 올렸다 내리기 20회
- 거울 보면서 10초간 미소 짓기
- 숙면을 위한 혀 운동
- 계단 오르기(1층에서 시작해 현재는 10층까지 오름)

이 가운데 '계단 오르기'는 1분 습관의 힘을 잘 보여준다. 처음에는 1개 층 오르기로 시작했다. 30초면 되는 간단한 습관이다. 부담이 없으니 어렵잖게 매일 할 수 있었다. 어느 날 승강기가 잘 안 잡혀서 2개 층을 올라갔더니 별로 힘들지 않았다. 그래서 2개 층 오르기로 목표를 높였다. 이런 식으로 서서히 목표를 1개 층씩 더 높이다 보니 어느새 10개 층까지 오르게 되었다. 시간은 3분이 채 걸리지 않는다.

　만약 처음부터 10개 층 오르기에 도전했다면 지속하기 어려웠을 것이다. 가볍게 시작한 것이 성공의 비결이 되었다.

　천릿길도 한 걸음부터 시작된다. 한 걸음을 떼지 않고서는 천 리는커녕 두 걸음도 못 간다. 습관도 마찬가지다. 일단 시작하고 봐야 습관을 만들 수 있다. 1분이면 어떤 시작도 할 수 있다. 그 가벼운 시작, 처음 한 걸음이 좋은 습관을 선물할 것이다.

"타고나기는 다 엇비슷해서 별 차이가 없지만
습관에 따라 차이가 크게 난다."

– 논어

의지력은
배터리다

○

문제는 의지력이다

어느 대학의 연구실에 달콤한 향기가 진동했다. 오븐으로
갓 구운 초코칩쿠키 냄새였다. 심리학자 로이 바우마이스터
Roy Baumeister 연구팀은 금식시킨 대학생들을 연구실로 불렀
다.[2] 몹시 배가 고픈 학생들은 연구실에 들어서자마자 초코
칩쿠키의 달콤함에 취했다. 탁자 위에는 갓 구운 초코칩쿠키
와 무가 있었다. 연구팀은 일부 학생들에게는 쿠키를 주고,
나머지 학생들에게는 무를 주면서 자기가 받은 음식만 먹으
라고 했다. 쿠키를 받은 학생들은 맛있게 먹었지만, 무를 받
은 학생들은 쿠키를 바라보다가 마지못해 무를 씹었다.

실험이 끝난 후 학생들에게 수학 문제를 풀게 했다. 학생들은 열심히 답을 찾았지만, 사실 그 문제에는 정답이 없었다. 실험 과제의 진짜 목적은 답이 없는 문제를 얼마 만에 포기하는지를 측정하는 것이었다. 시험 시간은 30분이지만 자기가 원할 때는 언제든지 시험을 그만둘 수 있었다. 쿠키를 마음껏 먹은 학생들은 19분 만에 과제를 포기했지만, 쿠키의 유혹에 노출되기만 하고 정작 먹지는 못한 학생들은 8분 만에 포기했다. 유혹에 노출된 학생들이 유혹에 노출되지 않은 학생들에 비해 2배나 빨리 포기한 것이다. 왜 이러한 차이가 생겼을까?

유혹 때문이었다. 초코칩쿠키를 마음껏 먹은 학생들은 별다른 유혹이 없었으므로 답이 없는 문제를 19분 동안 풀 수 있는 정신적 에너지가 남아 있었다. 반면에 무를 받은 학생들은 쿠키의 유혹을 참는 데 이미 많은 에너지를 소진하여 수학 문제를 푸는 데 쓸 에너지가 얼마 남지 않았다. 이와 비슷한 연구 83개를 분석한 결과도 초코칩쿠키 실험 결과와 일치했다.[3] 여기서 알 수 있듯이 의지력은 더 이상 추상적인 개념이 아니다. 실제로 확인할 수 있는 에너지다.

새로운 습관을 만들려면 특정 행동을 반복해야 하고, 어떤 유혹도 뿌리치고 그 행동을 지속해야 한다. 이때 의지력이 필요하다. 의지력과 행동에 대한 연구 102개를 종합하여 분석해 보니, 의지력은 원하는 행동을 할 때와 원하지 않는 행동을 참을 때, 2가지 경우에 영향을 미친다. 그래서 의지력이 강한 사람이 습관 관리를 그만큼 잘한다. 의지력은 좋은 습관을 만들고, 나쁜 습관을 억제할 때 중요한 역할을 한다.

"사람에게 부족한 것은 강인함이 아니라 의지력이다."

프랑스 작가 빅토르 위고의 말이다. 의지력을 아무리 써도 줄지 않는다면 좋겠지만, 의지력은 화수분이 아니다. 따라서 의지력 관리가 필요하다.

의지력을 관리하는 2가지 방법

좋은 습관의 형성에는 의지력 관리가 무엇보다 중요하다. 의지력은 한정된 자원이므로 효율적인 사용이 필요하다. 의지력 관리에는 다음 2가지가 핵심 요소다.

첫째, 선택과 집중이다. 더 중요한 일에 의지력을 집중하는 전략이다. 먼저 일의 중요도와 긴급도를 고려하여 우선순위를 정한다. 중요한 일은 하루에 1~2개로 한정한다. 중요한 일이 많으면 제한된 의지력으로 모두 잘 처리할 수 없기 때문이다. 다음으로 일정 조정을 고려한다. 묘하게도 일이 한꺼번에 몰리는 날이 있다. 반드시 그날 안 해도 되는 일이라면 다음으로 미룬다. 마지막으로 중요한 일정이 언제인지를 확인하고 의지력을 관리한다. 만약 저녁에 중요한 활동이 있다면, 낮에 의지력을 소진하지 않도록 주의한다. 스마트폰을 사용할 때와 비슷하다. 배터리가 얼마 남지 않았는데 저녁 늦게까지 일정이 있다면, 스마트폰 사용을 줄이거나 절전 모드를 실행하는 것과 같은 원리다.

둘째, 의지력을 충전한다. 선택과 집중은 의지력을 효율적으로 사용하는 데 초점을 두었다. 하지만 아무리 효율적으로 사용해도 의지력은 결국 고갈되므로 효율적 사용에는 한계가 있다. 근본적인 해결책은 의지력을 충전하는 것이다. 스마트폰을 계속 쓰려면 충전해야 하고, 자동차가 달리려면 연료를 넣어야 하듯 의지력을 잘 사용하려면 제때 충전해야 한다.

의지력은 포도당으로 충전되지 않는다

사람들은 의지력을 눈에 보이지는 않는 힘으로 여긴다. 마음만 굳게 먹으면 생기는 것쯤으로 생각한다. 정말 그럴까?

의지력은 스마트폰 배터리와 비슷하다. 사용하는 만큼 소모되다가 결국에는 방전된다. 방전을 피하는 근본적인 방법은 제때 충전하는 것이다. 의지력은 어떻게 충전될까?

의지력을 연구하는 학자들은 의지력의 연료로 '포도당' glucose을 꼽는다. 여러 연구에서 참여자들이 의지력을 소진시키는 과제를 수행한 후에 공통적으로 혈당이 떨어졌다는 사실에 근거를 둔 것이다. 그렇다면 포도당을 보충하는 것으로 의지력이 충전될까?

이 궁금증을 풀기 위해 플로리다대학의 매튜 게일리엇 Matthew Gailliot 연구팀이 실험을 했다.[4] 실험 과제는 화면에 글자가 나오면 글자를 읽지 않고 글자 색깔을 말하는 것이다. 예를 들어, 초록색으로 쓴 '빨강'이라는 글자가 나오면 빨강이라고 읽지 않고, 글자 색깔인 '초록'이라고 말해야 한다. 실제로 해봤는데 생각보다 쉽지 않다. 글자를 보는 순간 나도 모르게 색깔보다 글자를 먼저 읽기 때문이다. 과제를 하는 동안 뇌는 "글자가 아닌 색깔을 말해야 해!"라고 지침을 내려 글자를 읽으려는 행동을 억제한다.

연구팀은 참여자를 두 그룹으로 나누어 실험 과제를 풀게 하면서 실수 횟수를 측정했다. 1차 측정 후 참여자들에게 그룹별로 다른 음료를 주었다. A그룹에게는 천연설탕을 넣은 레모네이드(열량 140kcal)를, B그룹에게는 당분이 없는 인공설탕을 넣은 레모네이드(열량 0kcal)를 주었다.

참여자들은 시큼한 레모네이드에 들어간 첨가물이 천연설탕인지 인공설탕인지 구분하지 못했다. 음료를 마신 참여자들에게 다시 실험 과제 80개를 풀게 하고 2차 측정을 했다. A그룹은 1차, 2차 과제의 실수 횟수가 비슷했다. 오히려 2차측정에서 실수가 줄어들었다. 반면에 B그룹은 2차 측정에서 실수가 2배나 많아졌다. 왜 이런 차이가 생겼을까?

의지력이 소진되었으므로 실수가 더 많아진 것은 당연하다. 그래서 B그룹은 2차 측정에서 실수가 더 많아진 것이다. 반면에 당분이 들어간 음료를 마신 A그룹은 포도당이 보충되면서 실수가 줄어들었다. 의지력이 포도당으로 충전된다는 사실이 실험으로 입증된 것이다.

우리는 일상에서도 비슷한 경험을 한다. 일을 하다가 지치면 단것이 당길 때가 있다. 포도당이 부족하다는 몸의 신호다. 뭔가에 몰입하다가 머리가 멍해질 때, 사탕을 먹으면 일시적으로 회복된다. 수험생에게 포도당 캔디가 인기 있는 것도 같은 이유다. 이 원리는 금연에도 적용된다. 금연을 시도하는 사람이 가끔 각설탕을 먹었더니, 포도당이 공급되어 금연 성공률이 높아졌다는 연구도 있다.

그렇다면 아예 사탕이나 초콜릿을 갖고 다니면서 먹으면좋겠지만 그다지 권하고 싶지 않다. 이유는 2가지다.

첫째, 당분을 통한 의지력 충전 효과는 일시적이다. 과도한 당분은 혈당을 빨리 상승시키지만, 그만큼 혈당을 빨리 떨어뜨리면서 오히려 몸을 피곤하게 만든다. 단것으로 포도당을 보충하는 방법은 의지력의 지속 주기를 짧게 한다.

둘째, 당분은 건강에 좋지 않다. 정제 설탕은 체중 증가, 당뇨병, 심혈관계 질환, 충치, 골다공증, 기억력 감퇴를 유발한다. 또한 정제 설탕이 많이 포함된 사탕, 초콜릿, 빵, 과자, 케이크, 음료수, 아이스크림은 중독성도 있어 주의해야 한다.

아침밥이 보약이다

의지력을 충전하는 가장 좋은 방법은 하루 세 끼를 건강식으로 잘 챙겨 먹는 것이다. 혈당을 잠깐 높이는 정제된 탄수화물과 설탕은 피하고, 천천히 흡수되어 의지력 유지에 효과적인 채소와 과일, 생선과 고기를 알맞게 먹는다. 탄수화물 섭취에는 흰 쌀밥과 밀가루 빵보다 잡곡밥과 통밀 빵이 좋다.

"아침, 점심, 저녁, 이 세 끼 식사는 항상 있을 것인데, 그중에 제일은 아침이라."

성경 구절을 패러디했다. 아침식사가 가장 중요하다. 국민건강통계를 보면, 아침식사를 거르는 국민이 30%나 된다. 특히 20~30대가 아침을 잘 먹지 않는다. 20대의 52%, 30대의 37%가 아침식사를 거른다.

아침식사는 영어로 Breakfast, 공복fast을 깨뜨린다break는 뜻이다. 아침식사는 잠을 자는 동안 쉬지 않고 활동한 뇌와 신체에 에너지를 공급한다. 저녁 8시에 식사를 마치고 다음 날 아침을 거른다면, 12시에 점심을 먹기 전까지 16시간 동안 포도당 공급이 중단된다. 잠자는 동안에도 포도당은 사용되므로 몸에 저장된 포도당이 소진될 수 있다. 결국 아침식사를 거르면 혈당이 저하되어 의지력이 필요한 의사결정에 어려움을 겪을 수 있다.

식사와 의사결정에 관한 흥미로운 연구가 있다. 미국 컬럼비아대학 조너선 레바브Jonathan Levav 연구팀은 이스라엘에서 열린 가석방 심리 1,112건을 분석했다.[5] 8명의 판사들은 하루에 14~35건을 건당 평균 6분 동안 검토했다. 분석 결과, 판사의 식사가 가석방 결과에 영향을 주는 것으로 나타났다. 판사들은 하루에 두 번, 오전 10시쯤과 오후 1시 30분쯤에 식사를 했다. 아침 일찍 재판을 받은 죄수의 가석방 비율은 65%였다. 하지만 시간이 갈수록 가석방 비율은 점차 낮아져서 거의 0%에 가까워졌다. 그러다가 오전 10시쯤 간단한 식사를 한 후에는 가석방 비율이 다시 65%로 올라갔다가 시간

○ **판사의 식사와 가석방 비율의 상관관계**

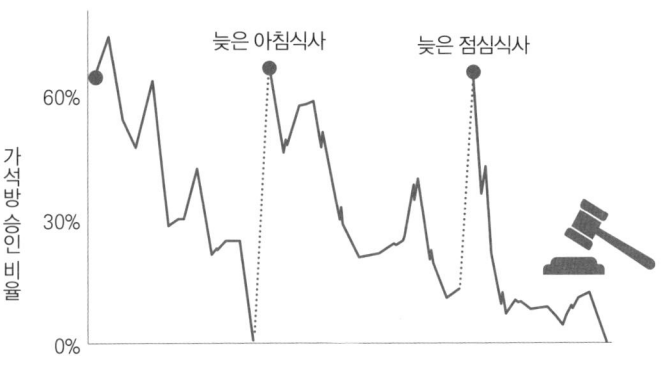

이 지날수록 낮아졌다. 점심식사 후에도 비슷한 상황이 반복되었다. 객관적이고 논리적인 법원 판결이 식사 여부에 따라 달라지다니? 왜 이런 결과가 나왔을까?

판사들은 어려운 결정을 하는 데 의지력을 거의 소진했다. 계속되는 심리에 포도당 수치가 점점 떨어졌고, 점심식사 직전에는 포도당이 고갈되어 심사숙고를 하기 어려워졌다. 그러다가 점심식사로 포도당을 충전한 후에는 의지력이 회복되어 심리를 제대로 할 수 있게 된 것이다. 우리도 비슷한 경험을 한다. 피곤하고 지쳤을 때는 심사숙고하기가 어렵다. 의지력이 바닥났기 때문이다. 이때의 결정은 대부분 하던 대로 하거나 아무것도 하지 않는 것이다. 이 원리는 일상에도 적용된다. 아침식사를 거르는 상사를 둔 직장인이라면 중요한 보고는 점심식사 이후에 하는 것이 좋다. 가족과 심각한 이야기를 해야 한다면 저녁식사 이후가 좋다.

아침식사는 한 끼 이상의 의미를 가진다. 의지력을 충전해주는, 가뭄 끝의 단비와 같기 때문이다.

많은 사람들이 아침밥을 먹으면 속이 불편해서, 혹은 먹지 않고도 잘 살았는데, 또는 바빠서 등등의 다양한 이유로 아침식사를 거른다. 그러나 건강을 위해, 의지력 충전을 위해서라도 아침밥은 챙겨먹는 것이 좋다. 지금껏 안 먹다가 갑자기 먹으려니 부담스럽다면 가볍게 시작하는 것은 어떨까? 우유 한 잔, 바나나 한 개도 좋고, 김밥 한 줄도 괜찮다. 빈속보다는 뭐든 조금이라도 먹어두는 것이 훨씬 낫다. 밥이 보약이고, 아침밥은 보약 중의 보약이다.

뇌 관리와
의지력

O

의지력의 원천은 전두엽이다

의지력을 잘 사용하려면 뇌를 이해할 필요가 있다. 의지력이 뇌의 전두엽에서 나오기 때문이다. 전두엽은 끈기, 즉 지구력을 관장한다. 순간의 충동과 쾌락을 잠시 미루고 목표를 향해 나아가게 하는 힘이 전두엽에서 나온다.

습관에서도 전두엽의 역할은 절대적이다. 습관을 들이기로 결심하고, 목표와 행동 계획을 세우며, 결과를 모니터링하면서 동기부여를 하는 등 습관 관리의 모든 과정에 관여한다. 다이어트나 금연에 도전했을 때, 순간적으로 찾아오는 달콤한 유혹을 이기게 하는 것도 전두엽이다. 습관 관리는 전두엽이 좌우한다고 해도 과언이 아니다.

한편, 뇌는 대식가이자 미식가다. 체중의 2%밖에 되지 않지만, 전체 에너지의 20% 이상을 사용한다. 세로토닌 문화원장 이시형 박사에 따르면, 뇌는 하루에 120g이 넘는 포도당을 사용하는데 이는 몸의 모든 근육이 사용하는 에너지와 비슷한 양이다. 또한 뇌는 깨끗한 산소를 제일 먼저 사용하고, 연료로 탄수화물 중에서도 순수한 포도당만을 사용한다. 전두엽은 포도당을 연료로 사용해서 의지력을 만든다. 따라서 전두엽을 잘 관리하면 의지력과 습관 관리에 도움이 된다.

신경과 명의 나덕렬 교수는 《뇌美인》에서 사람들이 눈에 보이는 피부 관리에 비해 뇌 관리에는 소홀하다고 지적한다. 피부가 노화되듯 뇌와 뇌혈관도 노화되어 치매에 걸릴 수 있는데, 눈에 보이지 않는다는 이유로 관리에 소홀하다는 것이다.[6] 피부 관리만큼이나 뇌 관리에도 관심을 갖자는 말이다. 고령이 되면 뇌 전체의 6%가 위축되는데, 전두엽은 관리하지 않으면 29%까지 위축된다. 전두엽은 다른 부위보다 그만큼 민감하다. 전두엽 관리는 의지력 관리와 직결되므로 더욱 신경 써야 한다. 전두엽 관리에는 다음 2가지가 중요하다.

첫째, 금연과 절주다. "술을 마시면 전두엽의 전깃줄이 끊어진다"고 한다. 뇌세포가 손상된다는 말이다. 술과 담배에

지속적으로 노출되면 고혈압, 당뇨, 고지혈증이 서서히 나타
나는데, 이 질환들은 모두 전두엽을 얇게 만든다. 전두엽을
회복하는 방법은 건강에 해로운 것을 끊거나 줄이는 것이다.

둘째, 영상을 끄고 책을 읽는다. 뇌의 관점으로 보면, 영
상 시청은 수동적이고 독서는 능동적이므로 영상보다는 책
을 볼 때 전두엽이 훨씬 더 많이 사용된다. 우리는 아침부터
밤늦게까지 스마트폰, 컴퓨터, 텔레비전 등 많은 영상에 노
출된다. 전두엽이 수동적으로 되기 쉬운 환경이다. 의식적인
독서가 필요하다. 책을 읽으면 새로운 것을 배우고 경험해서
뇌를 지속적으로 자극할 수 있다. 또한 외국어를 공부하거나
글을 쓰는 등의 창작 활동도 도움이 된다.

의지력 회복에는 뇌의 휴식이 필요하다

문명의 이기가 극도로 발달하면서 우리 뇌는 그 어느 때
보다 혹사당하고 있다. 아침부터 잠자리에 들 때까지 스마트
폰을 끼고 사느라 휴식을 잃어버렸다. 뇌가 쉴 틈이 없어진
것이다. 거리에서는 물론 화장실에 갈 때도 스마트폰을 손에
서 놓지 않는다. 애플리케이션 분석업체에 따르면, 2022년
1분기 하루 평균 스마트폰 사용 시간은 역대 최고인 5.2시간

이었다.[7]

집중력과 의지력은 휴식을 통해서도 회복되는데, 뇌는 전보다 쉴 시간이 부족해진 것이다. 하루 종일 열심히 일한 뇌에게 휴식을 선물하는, 2가지 좋은 방법이 있다.

첫째, 숙면이다. 특히 뇌에게는 잠이 보약이다. 수면 시간은 단순히 쉬는 시간이 아니라 피로를 회복하는 시간이다. 틈틈이 쉬는 것도 도움이 되지만, 가장 중요한 휴식은 수면이다. 성인의 적정 수면 시간은 7~8시간이다. 적절한 수면은 뇌에 휴식을 주고 신체와 정신 건강에도 도움을 준다. 우리가 자는 동안 뇌는 머릿속 쓰레기를 치운다.

"깨어 있는 동안 뇌는 차가 막힌 낮 시간의 대도시 도로와 같다. 그래서 쓰레기 트럭은 쓰레기를 효율적으로 치울 수 없다."

수면 의학의 대가 찰스 차슬러Charles Czeisler 교수의 말이다.[8] 그는 깨어 있는 동안 뇌 속 쓰레기 트럭의 효율은 잠자는 동안의 5%에 불과하다고 주장한다. 뇌 속 쓰레기를 효율적으로 치우기 위해서는 푹 자야 한다.

둘째, 잠시 멍 때리는 것이다. 강북삼성병원 정신건강의학과 신동원 교수는《멍 때려라!》에서 멍 때리기는 우리 뇌를 깨우고 명쾌하게 만드는 가장 좋은 방법이라고 주장한다. 음식을 먹으면 소화되는 시간이 필요하듯, 뇌도 정보를 소화할 시간이 필요하다는 말이다. 그 시간에 필요 없는 정보를 삭제하고, 입력된 정보를 재구성하면서 아이디어를 생산한다.

멍 때리기는 컴퓨터의 리셋과 같다. 미국 워싱턴대학 마커스 라이클Marcus Raichle 교수는, 사람이 아무런 생각을 하지 않고 있을 때 뇌의 특정 부위가 활성화되는 사실을 발견했다.[9] 그는 전두엽을 포함한 이 부위를 '디폴트 모드 네트워크'DMN: default mode network로 불렀다. 컴퓨터를 다시 켜면 디폴트 모드로 돌아가는 현상처럼, 뇌도 휴식을 취할 때 디폴트 모드 네트워크로 돌아간다는 의미다. 이 부위는 주로 잠잘 때 활성화되는데, 멍 때릴 때도 활성화된다.

종교를 가진 사람은 기도를 하면 좋다. 명상도 도움이 된다. 효과를 높이기 위해서 눈을 감는다. 눈을 감으면 뇌에 커다란 변화가 일어난다. 인간은 오감을 통해 정보를 수집하고, 수집된 정보는 뇌로 모이는데, 시각 정보가 오감 전체의 70~80%를 차지한다. 그래서 눈을 감으면 시각 정보가 차단되어 뇌의 부담을 덜어주므로 집중력과 기억력이 높아진다.

일과 중에 머리가 무겁거나 마음이 답답할 때, 해소하는 가장 쉽고도 좋은 방법은 뇌에게 1분이라도 휴식을 주는 것이다. 그러면 금세 의지력이 회복된다.

뇌에도 알통이 생긴다

TV 방송 프로그램에 80대 '몸짱' 어르신이 출연했다. 100kg이 넘는 바벨을 가볍게 드는 것은 기본이고, 팔씨름에서 건강한 20대 젊은이도 여유 있게 이겨 버린다. 다른 프로그램에도 70~80대 남녀 보디빌더들이 출연하여 탄탄한 근육질 몸매를 자랑한다. 그런데 그분들 가운데는 70세 이후부터 근력운동을 시작한 분이 많았다. 고령에도 꾸준히 운동을 하면 근력이 강해진다는 사실이 놀라웠다.

"피트니스 센터에 등록했는데 잘 안 가게 돼. 의지력이 약한가 봐."

선배가 의지력을 탓하며 속상해한다. 진심이 느껴져서 선배를 돕고 싶었다. 의지력을 키울 수 있다면 운동 습관을 들이는 데 성공할 가능성이 커진다. 그때 몸짱 어르신들이 떠올랐다. 운동으로 근육을 강화시키듯 의지력도 훈련으로 강화시킬 수 있다면 얼마나 좋을까.

세계적인 과학지 《네이처》에 흥미로운 연구 결과가 발표되었다.[10]

20대 청년 24명에게 3개월 동안 저글링을 연습하게 했다. 참여자들은 저글링을 공 3개로 1분 이상 할 수 있을 정도로 연습했다. 언젠가 방송에서 저글링을 보고 따라 해보니까 보기보다 어려웠다. 참여자들은 연습하기 전에 MRI(자기공명영상) 촬영을 했고, 3개월 동안 연습한 후 변화를 확인하기 위해 다시 MRI 촬영을 했다. 3개월 사이에 대뇌피질의 일부가 두꺼워졌다. 저글링을 하는 동안 공의 움직임을 예측하며 몸을 움직이는 행동이 뇌에 강한 자극을 주었기 때문이다. 재미있는 사실은 그 후 3개월 동안 청년들에게 저글링을 못하게 했더니 두꺼워졌던 부위가 이전 상태로 줄어들었다는 것이다.

대뇌피질은 짧은 시간에도 두께가 변한다. 한 연구에서 참가자 79명에게 균형을 잡는 운동을 시켰다. 좌우로 26도까지 기울어지는 발판 위에 서서 넘어지지 않은 채로 30초를 버티는 운동이었다. 운동을 마친 후 바로 MRI 촬영을 했더니 대뇌피질의 두께가 늘어났다.[11] 이와 같이 운동을 하면 근육이 강해지는 것처럼 전두엽도 변화한다.

"나이 먹으면 머리가 굳어서 공부가 쉽지 않다. 젊을 때 열심히 해라."

학창 시절, 귀에 못이 박이도록 들은 선생님들의 충고 말씀이다. 그때만 해도 '어른이 되면 뇌는 변하지 않는다'는 것이 상식이었다. 그런데 상식이 바뀌고 있다. 뇌는 평생에 걸쳐 변한다는 '뇌 가소성'brain platicity 개념이 등장했다. 훈련을 하면 뇌의 일부가 변하고, 그 변화는 의지력을 담당하는 전두엽과 기억을 담당하는 해마에 집중된다. 나덕렬 교수는 이러한 변화를 "뇌에 알통이 생긴다"고 표현한다. 운동을 하면 몸에 알통이 생기듯 뇌에도 알통이 생긴다는 것이다.

의지력을 담당하는 전두엽에 알통이 생기면 의지력은 강해진다. 여기에서 말하는 전두엽의 발달은 앞에서 살펴본 전두엽 관리보다 적극적인 방법이다. 축구, 야구 등 구기 운동에 비유하면 전두엽 관리는 수비 활동이고, 전두엽 발달은 공격에 해당된다. 전두엽 관리와 더불어 전두엽 발달을 실천한다면 의지력 강화에 더할 나위 없이 좋다. 운동경기에서 승리하려면 실점을 막는 동시에 득점을 해야 하는 것과 같은 이치다. 어떻게 하면 전두엽을 발달시켜 의지력을 키울 수 있을까?

의지력의 선순환

무엇보다 유산소운동이 좋다. 걷기, 달리기, 자전거 타기 등의 유산소운동은 전두엽과 해마를 두껍게 만든다. 규칙적인 운동은 전두엽을 활성화시켜 의지력을 키운다.

호주의 심리학자 메건 오튼Megan Oaten과 켄 챙Ken Cheng은

체육관에서 운동하는 대학생들을 2개월간 관찰했다.[12] 그 결과, 규칙적으로 운동하는 학생들에게서 긍정적인 변화를 발견했다. 운동하기 전보다 건강한 식사를 했고, 감정조절을 잘했다. 또한 공부시간도 늘었으며, 지출관리와 집안일도 꼼꼼하게 했다. 아울러 알코올, 니코틴, 카페인 섭취를 줄였고, 스트레스도 덜 받았다. 결국 규칙적인 운동은 의지력이 필요한 다양한 영역에서 긍정적인 결과를 만들었다. 운동이 의지력을 키운 것이다.

운동은 습관 관리와 선순환을 이룬다. 운동을 하면 전두엽을 통해 의지력이 강화되고, 강화된 의지력은 운동 습관을 정착시킨다. 그렇게 정착된 운동 습관은 의지력을 지속적으로 키운다. 습관들이기의 비결은 바로 여기에 있다. 좋은 습관을 유지하는 선순환을 구축하면 습관 관리가 저절로 된다.

그렇다면 어떤 운동을 얼마나 해야 도움이 될까? 운동은 일주일에 3회 이상, 1회에 40분 이상을 해야 효과적이라고 한다. 운동을 처음부터 갑자기 40분 이상 하려 들면 몸에 무리가 갈 수 있으니, 5분 정도로 가볍게 시작하는 것이 좋다. 몸이 적응함에 따라 운동 횟수와 강도를 서서히 늘리면 된다.

다음은 의지력 강화 훈련이다. 1990년대 후반부터 최근까지 의지력 강화를 위한 다양한 연구가 진행되었다. 실제로 효과가 검증된 3가지 훈련 방법을 소개한다.

첫째, 신체 훈련이다. 허리와 어깨를 펴고 바르게 앉는 훈련을 2주 이상 실시하면 의지력이 향상된다. '똑바로 앉는 자세'는 과학적으로 검증된 방법이다. 손아귀의 힘을 주며 운동하는 악력기를 활용해도 좋다. 악력기를 누르고 최대한 버티는 훈련이다. 손을 펴고 싶은 마음을 참으려면 의지력이 필요하다. 2주 동안 악력기 운동을 실시한 학생들이 더 좋은 시험성적을 냈다는 연구 결과도 있다.[13] 평소에 잘 쓰지 않는 손을 사용하는 것도 좋은 방법이다. 오른손잡이가 왼손으로 문을 열거나 옷 단추를 끼우는 연습을 하는 것이다.

둘째, 기록이다. 지속적으로 자신을 모니터링하고 기록하는 과정을 통해 의지력이 향상된다. 2주 동안 먹은 모든 음식을 기록한 사람들은 의지력이 향상되었다. 의식적으로 식습관을 바꾸려 하지 않고, 그저 기록만 했는데도 효과가 있었다. 가계부와 일기 쓰기도 효과적이다.

셋째, 자기관리 교육에 참여하는 것이다. 교육에서는 주로 자기관리 프로세스를 다룬다. 프로세스는 현재 상태 진단, 구체적인 목표 설정, 실천, 결과 점검과 평가 활동으로 구분된다. 자기관리 프로세스를 반복하면 의지력이 강화된다. 한 연구에서 영업사원과 대학생을 대상으로 자기관리 교육을

진행했더니, 의지력은 물론 영업 실적과 학업 성적도 향상되었다.[14]

의지력이 향상되면 놀라운 결과가 나타난다. 메건 오튼과 켄 쳉은 체력 단련, 공부 습관, 재정 관리를 잘하고 싶은 사람들을 모아서 교육 과정에 참여하게 했다.[15] 매일 목표와 활동 일지를 쓰게 했더니 변화가 나타났다. 공부 습관 향상 훈련에 참여한 사람들은 공부 습관이 좋아지는 데 그치지 않고 운동을 이전보다 자주 했고, 충동구매도 자제했다.

또한 체력 단련과 재정 관리 프로그램에 참여한 사람들은 이전보다 공부를 더 열심히 했다. 트레이닝으로 향상된 의지력이 의도하지 않은 습관까지도 실천하게 만든 것이다.

의지력 트레이닝은 근육을 만드는 과정과 유사하다. 단기적으로는 피곤하고, 의지력이 약해지는 것 같다고 느낄 수 있다. 이럴 때 조금 더 힘을 내어 트레이닝을 지속하면 의지력은 더욱 강해진다. 작은 행동이 습관의 선순환을 만들 수 있다. 쉬운 방법을 선택하면 의지력을 키우는 일은 생각처럼 어렵지 않다.

"사람에게 부족한 것은
강인함이 아니라 의지력이다."

– 빅토르 위고

소소한
행복

○

도파민보다는 세로토닌이 주는 행복

큰 목표를 성취하면 계속 행복할 것 같다. 대학에 입학만
하면, 취업 경쟁을 뚫고 합격만 하면 영원히 행복할 것 같다.
정말 그럴까?

입학, 취업, 합격, 연애, 결혼, 승진 등 기분이 좋았던 때를
떠올려보면 행복감을 느낀 건 성취의 짧은 순간뿐이다. 누구
나 성취를 이루면 처음에는 매우 기쁘지만, 그 상태에 조금
씩 익숙해지면서 행복감이 점점 줄어든다. 우리가 가진 '적
응'이라는 놀라운 능력 때문이다. 행복감이 지속되는 시간
은 생각보다 짧으므로, 행복감은 강도보다 빈도가 중요하다.

'행복'이라는 나무를 잘 키우려면 한 차례 소나기보다는 여러 번의 가랑비가 낫다.

긍정 정서를 느끼면 뇌에서 신경전달물질인 도파민과 세로토닌이 분비된다. 도파민은 설렘과 흥분, 쾌락을 준다. 우리를 기분 좋게 하는 도파민에도 주의할 점이 있다. 먼저 도파민이 주는 짜릿한 쾌감은 교감신경을 흥분시켜 불안과 분노로 연결될 수 있다. 다음으로 중독을 조심해야 한다. 술, 담배, 약물 등도 도파민을 분비시키는데, 충족되지 않으면 허전함과 불안을 느끼는 금단증상이 나타난다. 더 큰 자극을 요구하는 도파민의 특성은 중독으로 이어질 수 있다.

반면에 세로토닌은 짜릿한 쾌감보다는 소소한 행복을 느끼게 한다. 세로토닌은 감정을 조절하는 역할을 하는데, 충족되지 않아도 허전함이나 금단증상이 나타나지 않아서 중독 위험이 없다. 따라서 세로토닌을 추구하는 습관이 긍정 정서를 안정적으로 유지하는 데 효과적이다.

하루에 3가지 감사한 일

그렇다면 어떻게 하면 일상에서 소소한 행복을 자주 느낄 수 있을까?

첫째, 감사 일기를 쓴다. 하루 동안 일어난 감사한 일 3가지를 찾아 적는다. 처음에는 무엇을 써야 할지 고민된다. 특별히 감사할 일이 없다면, 무사히 하루를 보낸 것도 감사한 일로 적으면 된다. 아침에 알람소리를 듣고 제때에 일어난 일, 지하철을 타고 안전하게 출근한 일, 점심식사를 맛있게 먹은 일, 하루를 건강하게 보낸 일과 같이 사소한 일상도 감사할 거리가 된다. 그런 것에까지 감사하는 건 좀 심하다고 여길 수도 있겠지만 감사 일기를 쓰는 목적이 긍정 정서를 키우는 훈련이니, 아무리 사소한 일이라도 충분히 감사할 가치가 있다.

긍정심리학을 제시한 임상심리학자 마틴 셀리그만Martin Seligman 교수는 가장 심한 우울증 환자들에게 일주일 동안 감사 일기를 쓰게 했다. 그런 다음, 감사 일기를 쓰기 전 후에 변화된 환자들의 우울증 정도와 행복감 정도를 비교 측정했다.

결과는 인상적이었다. 일주일 동안 감사 일기를 쓰자 우울증은 34점에서 17점으로 감소했고, 행복감은 15점에서 50점으로 증가했다. 반면에 감사 일기를 쓰지 않은 환자들의 점수에는 별 차이가 없었다. 감사 일기는 우울증 환자들을 덜 우울하게, 더 행복하게 만들었다.[16] 감사 일기를 쓰면 운동을

50% 더 많이 하게 된다는 연구 결과도 있다.[17]

나도 감사 일기를 8년째 쓰고 있는데, 효과는 강력하다. 매일 감사한 일을 떠올리면서 작은 행복을 느낀다. 어느 날, 습관 강의를 들은 신입사원으로부터 메일을 받았다.

"안녕하세요! 신입사원 ○○○입니다. 감사 일기를 쓴 지 오늘로 딱 80일이 됐네요. 일기 애플리케이션을 이용해서 쓰고 있고, 매일 최소 3가지를 적어요. 이번 달에 가장 많이 적은 날은 10가지네요. 감사 일기는 행복한 날보다 힘들고 우울한 날에 빛을 더 발하는 것 같아요. 힘들고 무기력한 날에는 전에 썼던 감사 일기를 보면 좀 웃게 되기도 하고……. 처음에는 정말 반신반의하면서 시작했는데, 좋은 습관이 들었습니다. 이 습관을 시작으로 다른 어떤 습관을 들이면 좋을지 고민해보려고요. 좋은 강의, 감사합니다."

이렇게 좋은 감사 일기를 쓰는 데 걸리는 시간은 채 1분이 되지 않는다. 가성비가 갑인 습관이다.

둘째, 걷기운동을 한다. 걷기는 뇌를 깨우고 세로토닌을 분비시킨다. 그래서 30분만 걸어도 행복해진다. '하루 30분 걷기'는 미국치매협회의 '뇌를 지키는 방법' 가운데 가장 강조되는 항목이다. 걷기운동은 언제 어디서나 쉽게 할 수 있어서 좋다. 햇빛을 쬐면서 걷거나, 자연 속에서 걸으면 더욱

○ **감사 일기의 효과**

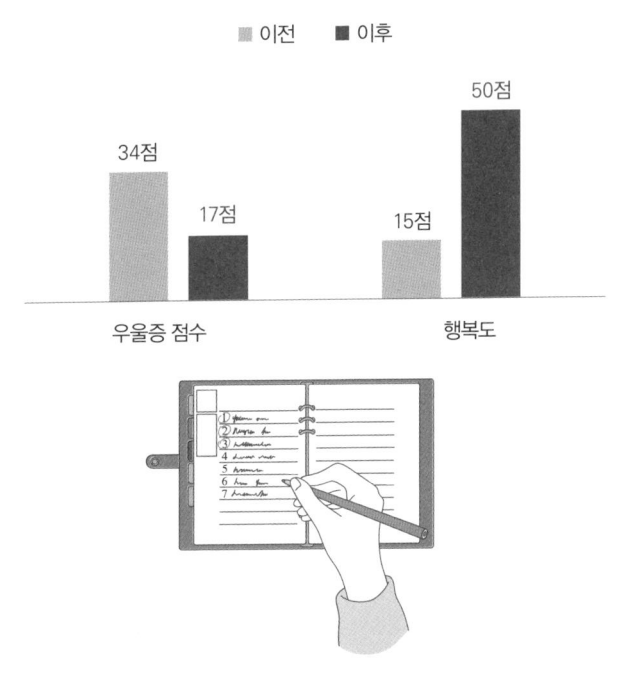

효과적이다.

셋째, 기분 좋은 만남이다. 인간은 사회적 동물이다. 친밀한 관계 속에서 편안함과 행복감을 느낀다. 친구를 만나기만 해도 좋은데 맛있는 음식을 같이 먹고, 하고 싶은 이야기를 실컷 한다면 더욱 행복해진다. 친구와 함께 산책이나 운동을 하면 좋을 것이다. 앉아서 이야기를 하는 것도 좋지만 이왕이면 함께 걸으면서 이야기하는 것을 추천한다.

좋은 습관을 들이면 행복해진다. 행복해지면 뇌가 활성화되면서 의지력이 회복되고, 의지력은 좋은 습관을 강화한다. '좋은 습관 → 행복 → 의지력 → 좋은 습관'으로 이어지는 행복의 선순환이 이뤄진다.

스트레스의
재발견

〇

스트레스 때문에……

친구가 다이어트를 선언했다. 좋아하던 야식도 끊었다. 하루하루 참으면서 일주일을 버텼는데, 문제의 그날이 찾아왔다. 친구는 아침부터 일이 풀리지 않아 속이 상했다. 꼬인 일 때문에 오후에는 팀장과 언쟁까지 벌였다. 스트레스를 받은 친구는 퇴근길에 그동안 참았던 치킨과 맥주를 배부르게 먹었다. 스트레스로 인해 결심이 무너진 것이다.

나도 비슷한 경험을 했다. 예상보다 많은 카드 값에 놀라 허리띠를 졸라매다가 스트레스를 받아 충동구매를 했던 경험, 시험공부를 하다가 스트레스를 받아 그냥 잤던 기억이 떠오른다. 과도한 스트레스는 습관과 의지력에 부정적인 영향을 미친다.

습관을 바꾸는 도중에 스트레스를 많이 받으면 예전 습관으로 되돌아가기 쉽다. 친구가 스트레스로 야식을 다시 먹은 것처럼 과도한 스트레스는 익숙한 과거 습관을 불러낸다. 스트레스가 의지력이 나오는 전두엽 기능을 약화시키기 때문이다. 그래서 스트레스를 많이 받으면 의지력이 약해져서, 평소와는 다르게 화를 내거나 폭식도 한다. 또한 스트레스가 지속되면 의지력이 소진되는 '자아고갈' 현상이 나타난다. 한 연구에서 스트레스가 과도하게 높아진 대학생들은 의지력이 필요한 과제에서 저조한 성적을 보였다. 더불어 스트레스를 받은 후 식습관과 감정조절, 운동습관 그리고 약속시간 지키기를 힘들어했으며, 흡연과 카페인 섭취가 2배 이상 늘었다.[18] 이처럼 과도한 스트레스는 좋은 습관을 무너뜨린다.

스트레스라는 말은 '팽팽하게 죄다, 긴장'을 뜻하는 라틴어 stringer에서 유래되었다. 사전은 "적응하기 어려운 환경에 처할 때 느끼는 심리적·신체적 긴장 상태"로 정의한다. 스트레스가 장기화되면 심장병, 위궤양, 고혈압 등 신체질환과 불면증, 신경증, 우울증 등 심리부적응이 생길 수 있다. 그래서 스트레스를 만병의 근원이라고 한다.

인터넷 검색창에 '스트레스'를 입력하면 연관 검색어로 해소법, 푸는 법, 해소 게임, 두통, 위염, 직장 상사 같은 대부분 부정적인 의미를 지닌 단어들이 뜬다. 스트레스는 나쁜 것이므로 해소되어야 한다는 것이다.

그런데 내 생각은 다르다. 스트레스는 해소가 아니라 관리 대상이다. 이유는 2가지다. 첫째, 스트레스는 아무리 피하려고 해도 피할 수 없다는 것이다. 피할 수 있다면야 고민할 것도 없겠지만, 피할 수 없다면 관리해야 한다.

둘째, 스트레스에는 긍정적인 면도 있다는 것이다. 그러므로 부정적인 면을 줄이고, 긍정적인 면을 활용하는 관리가 필요하다.

스트레스와 성취 능력은 뒤집어진 U자형 그래프 모양을 보인다. 스트레스가 전혀 없을 때보다 어느 정도 스트레스를 받으면 긴장되면서 집중력과 의지력이 향상된다. 시험 직전의 벼락치기 공부가 좋은 예다. 그렇다고 스트레스가 성취 능력을 무한정 올려주는 것은 아니다. 스트레스 강도가 높아지면 성취 능력이 어느 수준까지 올라가다가 정점을 찍고 다시 내려간다. 스트레스가 과도해지면 집중이 안 되고, 공부하기도 싫어진다.

성과가 좋은 사람들도 스트레스를 받는다. 직장인을 대상

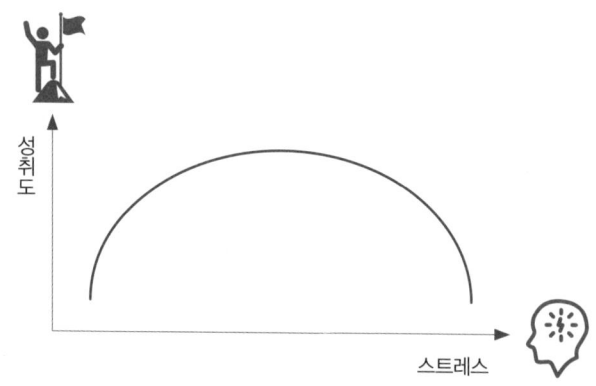

적절한 스트레스는 성과에 긍정적인 영향을 준다.

으로 스트레스와 업무의 상관관계를 밝히는 연구 결과, 스트레스는 고성과자들의 성과에 긍정적인 영향을 주었다. 적절한 스트레스가 인지능력과 집중력을 향상시킨 것이다.[19] 로스쿨 학생을 대상으로 한 연구에서도 비슷한 결과가 나타났다. 걱정을 하는 학생들의 성적이 걱정이 없는 학생들보다 더 좋았다.[20] 시험 직전에 받는 일시적인 스트레스는 면역력을 높인다는 연구 결과도 있다. 과도하거나 지속적인 스트레스는 좋지 않지만, 적절한 스트레스는 오히려 도움이 된다.

스트레스도 관리하면 이롭다

스트레스는 무조건 피해야 할 대상이 아니라 효과적으로 관리해야 할 일종의 도구다. 스트레스를 잘 활용하면 의지력 상승과 성과 향상이라는 두 마리 토끼를 잡을 수 있다. 적절한 스트레스 관리법을 소개한다.

첫째, 스트레스를 파악한다. 예전에 스트레스를 많이 받았던 적이 있다. 평소 머슴밥을 먹던 내가 당시에는 밥맛이 없을 정도였다. 마침 스트레스가 많을 때는 그 내용을 적어보라는 어느 교수님 말씀이 떠올랐다. 종이에 스트레스의 원인을 적어보았다. 5개를 적고 나니까 더 적을 게 없었다. 적어보기 전에는 수십 가지쯤 될 것으로 짐작했는데, 실제로는 5개뿐이었다. 스트레스가 아주 많을 것 같은데 막상 적어보면 대개는 생각보다 훨씬 적다. 스트레스를 파악하는 것만으로 스트레스의 상당부분이 해소된다.

둘째, 스트레스를 구분한다. 영국 엑시터대학 에드워드 와킨스Edward Watkins 교수는 걱정을 도움이 되는 걱정과 도움이 되지 않는 걱정, 2가지로 구분한다.[21] 친구가 어깨가 아파서 걱정이라고 가정해보자. 얼마 전에는 허리도 아팠고, "이제 몸이 약해지는 것 같다"며 염려한다. 병원에 가보라고 했더니 한숨부터 쉰다. "벌써부터 이렇게 아픈데, 나중에는 얼마나 많이 아플까?" 막연한 걱정이다.

와킨스 교수는 막연한 걱정은 도움이 되지 않는다고 말한다. 걱정만 한다고 문제가 해결되지 않기 때문이다. 도움이 되는 걱정은 문제해결을 위한 현실적인 걱정이다. 어깨가 아픈 것은 주말에 무리하게 운동을 해서 그럴지도 모른다. 그래서 치료받을 병원을 찾아본다. 이것은 도움이 되는 걱정이다. 좀 전에 적어본 스트레스 가운데 '막연한 걱정'을 과감히 지워보자. 마음이 한결 가벼워질 것이다.

셋째, 최고의 선택을 만든다. 인생은 선택의 연속이다. 쇼핑, 진학, 취업, 결혼, 출산, 전직, 이사 등 우리는 살면서 숱한 선택을 한다. 많은 사람들이 선택 과정에서 스트레스를 받거나 선택한 후에도 잘못된 선택을 후회하면서 스트레스를 받는다. 현명한 선택은 과도한 스트레스를 피할 수 있게 한다.

어느 인디언 부족은 성인식으로 옥수수밭을 걷게 한다. 긴 고랑이 있는 옥수수밭에 들어가서 가장 크고 잘 여문 옥수수를 따서 나오면 된다. 여기에는 3가지 규칙이 있다. 시간제한이 있고, 옥수수를 한 개만 딸 수 있으며, 이미 지나온 길을 다시 돌아갈 수 없다.

어느 날 두 친구의 성인식이 열렸다. 두 친구는 옥수수밭 앞에 섰다. 먼저 출발한 친구는 입구 쪽에서 큰 옥수수를 발견했다. 그때 '뒤쪽에 더 큰 옥수수가 있을 거'라는 생각으로 그냥 지나쳤다. 이런 마음으로 계속 가다가 출구 근처까지 왔다. 결국 시간에 쫓겨서 출구 쪽에 있는 옥수수를 딴 그는 입구 쪽 큰 옥수수를 선택하지 못한 것을 후회했다. 두 번째 친구는 입구 쪽에 있는 큰 옥수수를 과감하게 땄다. 첫 번째 친구가 지나쳐서 후회한 그 옥수수였다. 그런데 밭을 걸어가면서 선택한 옥수수보다 더 크고 좋은 옥수수를 발견하고 너무 일찍 선택했음을 후회했다.

최고의 선택은 무엇일까? 강북삼성병원 정신건강의학과 신영철 교수는 이렇게 말한다.

"최고의 선택은 최선의 선택이 아니다. 내가 한 선택을 최고의 선택으로 만드는 노력이 최고의 선택이다."

누구도 최고의 선택을 하기란 거의 불가능하지만 누구나 자신의 선택을 최고로 만들 수는 있다.

제2부
ONE HABIT

습관 형성을 위한
8단계 전략

One
하나에 집중한다

멀티태스킹은 허상이다

나는 슈퍼 히어로가 나오는 영화를 즐겨 본다. 주인공은 수십 명의 악당과 혼자 싸워도 이긴다. 주인공이 이기면 마치 내가 이긴 것처럼 짜릿하다. 하지만 현실에서는 다르다. 수십 명은커녕 한 명도 이기기 힘들다.

그런데 현실에서 5:1로 싸운 적이 있다. 한두 번이 아니다. 영화와 다른 점은 상대가 사람이 아닌 습관이라는 것이다. 해마다 습관 목표를 5개씩 세웠다. 주 3회 운동하기, 일주일에 책 1권 읽기, 외국어 등급 취득하기, 야식 먹지 않기 등등. 매년 목표 달성을 위해 노력했지만 결과는 신통치 않았다.

그리고 목표는 소리 없이 잊혀갔다.

5개의 목표를 한꺼번에 달성하겠다는 것은 슈퍼 히어로와 5:1로 싸우는 것과 비슷하다. 목표 5개가 모두 강하다면 심각한 문제다. 부끄럽지만 '주 3회 운동하기' 하나와도 수년간 싸워서 번번이 졌다. 1:1 싸움도 만날 지면서 한꺼번에 다섯이나 상대하려고 했으니, 얼마 버티지 못하고 나가떨어진 것은 당연했다. 우리는 무림 고수가 아니라 평범한 사람이다. 5명은커녕 2명과도 동시에 싸워서는 이길 수 없다.

그런데 왠지 여러 목표를 동시에 처리하고 싶다. 멀티태스킹이 능력이라는 생각 때문이다. 투자 전문가 게리 캘러는 《원씽》THE ONE THING에서 한 가지 일에 더 깊게 집중하여 더 크게 성공하는 비결을 제시했다. 그는 "우리의 삶을 소모시키는 멀티태스킹은 거짓 신화이자 허상"이라고 규정하고, 한 가지에 집중할 것을 제안했다. 2가지 일을 동시에 할 수는 있지만, 2가지 일에 온전히 집중할 수 없다는 것이 그의 주장이다. 멀티태스킹이 비효율적이라는 주장이 습관에도 해당될까?

습관 형성도 여러 개의 목표보다는 하나에 집중하는 것이 효과적이다.

의지력은 한정된 에너지이므로 습관 관리에도 선택과 집

중이 필요하다. 햇빛을 돋보기로 한 곳에 모으면 불을 피울 수 있듯이, 에너지를 한 곳에 집중해야 실행력을 높일 수 있다. 목표를 달성하는 최고의 방법은 목표를 한 가지만 정하는 것이다. 그 한 가지에 에너지를 집중하면 습관 목표를 달성할 확률이 높아진다.

소중한 습관부터 시작한다

TV방송 〈생활의 달인〉에 팔씨름 달인이 출연했다. 그는 특전사 출신의 소방관과 경찰 등 팔씨름 좀 했다는 50명과 팔씨름 대결을 펼쳤다. 제아무리 팔씨름 챔피언이라지만 50명을 다 이기지는 못할 것 같았다.

하지만 50명의 장사들이 마지막 한 사람까지 추풍낙엽으로 쓰러졌다. 놀라웠다. 그런데 50명이 동시에 달려든다면 달인도 어쩌지 못할 것이다. 아니, 5명뿐이라 해도 한꺼번에 덤빈다면 이길 수 없을 것이다.

팔씨름의 원리를 습관에도 적용해보자.

만들고 싶은 습관이 5개라면 어떻게 해야 할까? 5:1로 싸우면 백전백패다. 1:1로 대결해야 한다. 우선순위를 정하여 첫 번째 습관부터 집중한다. 첫 번째 습관이 안정적으로 정착되면 에너지를 두 번째 습관에 집중한다. 습관은 한번 자리를 잡으면 별다른 노력 없이도 유지되므로 습관을 하나씩 정착시키면 여러 개의 습관을 내 것으로 만들 수 있다.

나는 7년 전부터 이 방법을 써먹었다. 그전에는 번번이 실패했던 습관이 차례로 하나씩 내 것이 되어서 지금은 열 번째 습관인 글쓰기에 도전 중이다. 만들고 싶은 습관은 많은데, 한 가지를 어떻게 선택할 것인가? 하나를 선택하자니, 다른 습관이 마음에 걸린다. 전에 없던 결정 장애가 생길 정도다. 선택하는 것도 의지력이 소진되는 작업이므로 효율적인 방법이 필요하다.

첫째, 중요도와 긴급도를 고려하여 우선순위를 정한다. 단순하지만 효과적이어서 널리 쓰이는 방법이다. 먼저 만들고 싶거나 버리고 싶은 습관을 적는다. 그런 다음, 각 습관의 중요도와 긴급도를 10점 만점으로 적은 후 그래프를 그린다. 그래프의 X축은 중요도, Y축은 긴급도이다. 습관 리스트에 있는 습관의 중요도와 긴급도를 그래프에 표시한다. 중요하면서도 긴급한 습관이 1순위다. 몇 년 전에 이 방법을 처음 적용했다. 표처럼 중요도는 만보걷기와 감사 일기가 똑같이 9점이었지만, 당시에는 허리통증으로 고생하고 있어서 긴급도가 높은 '만보걷기'를 1순위로 선택했다.

○ **습관 리스트와 우선순위 매트릭스**

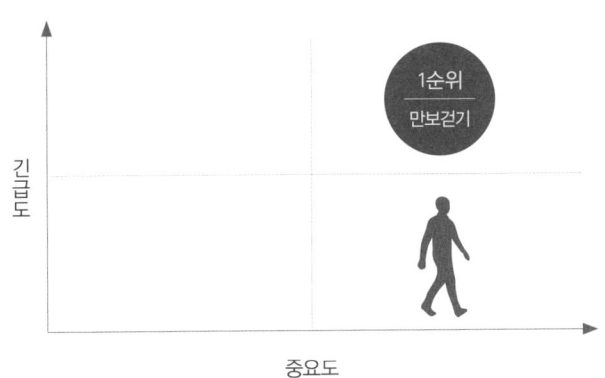

습관	중요도 (10점 만점)	긴급도 (10점 만점)
만보걷기	9점	10점
감사 일기	9점	6점
사탕, 초콜릿 먹지 않기	7점	5점
○○○	6점	7점

    둘째, 덜 중요한 것을 빼는 방법이다. 선택은 더하기가 아닌 빼는 작업이기도 하다. 미켈란젤로는 자신의 조각 작업을 "불필요한 부분을 제거하는 과정"으로 표현했다. 덜 중요한 것을 빼다 보면 중요한 것이 남는다. 만들고 싶은 습관 리스트에서 덜 중요한 것을 하나씩 뺀다. 빼다 보면 중요도가 비

숱한 습관들이 남는다. 이때는 '자장면 vs. 짬뽕'처럼 가상대
결을 통해 하나를 선택하면 된다.

지금 가장 먼저 만들고 싶은 습관은 무엇인가?

Note
결과를 기록한다

측정할 수 없으면 관리할 수 없다

배우 고소영이 한 TV방송 프로그램에 출연했다. 1992년에 데뷔하여 지금까지도 여전한 미모를 유지하는 비결을 묻자 이렇게 대답했다.

"매일 체중계 위에 올라가요. 그래서 조금이라도 몸무게가 늘면 그날 바로 먹는 것을 조절합니다."

뭔가 특별한 비결을 기대했던 진행자는 예상치 못한 답변에 당황하는 모습이었다. 고소영은 기자간담회에서도 몸매 관리 비결로 "어릴 때부터 항상 몸무게를 재는 습관"을 들었다. 매일 몸무게를 측정하면 정말로 체중 관리가 될까?

영양심리학자 데이비드 레비츠키David Levitsky 연구팀은 체중 측정과 다이어트의 관계를 연구했다.[22] 연구팀은 다이어트에 도전하는 성인들을 두 그룹으로 나눴다. 다이어트 방법에는 제한을 두지 않아서 참여자들은 자신이 하고 싶은 방법으로 다이어트를 시작했다. 두 그룹의 유일한 차이점은 체중 측정 여부였다. A그룹은 매일 체중을 측정해서 기록했고, B그룹은 체중을 재지 않았다. 시간이 지난 후 매일 체중을 측정한 A그룹은 평균 2.6kg 감소했지만, 체중을 재지 않은 B그룹은 0.5kg 감소에 그쳤다. 다이어트 방법에 상관없이 매일 몸무게를 재고 기록하는 활동은 체중 감량에 효과적이었다.

레비츠키는 인터뷰에서 그 이유를 이렇게 말했다.

"매일 체중계에 올라가면 몸무게를 의식하게 되어 습관 변화로 이어진다. 만일 당신의 체중이 조금 증가한 것을 확인하면, 과식할 수 있는 환경 신호에 이전보다 강하게 저항할 것이다."

매일 체중을 재는 습관은 과학적으로 검증된 다이어트 비결이다. 많은 사람들이 다이어트에 한두 번은 성공했다. 문제는 그 성공이 오래가지 못한다는 사실이다. 요요현상 때문이다. 매일 체중을 측정하면 요요현상을 피할 수 있을까?

이런 궁금증을 가진 연구팀이 있었다. 미국의 한 연구팀은 다이어트에 성공한 성인 314명을 18개월 동안 관찰했다.[23] 관찰 결과, 매일 체중을 측정한 사람들은 요요현상 없이 체중을 유지할 수 있었다. 게다가 폭식이나 실망감, 우울증 같은 부정적인 감정도 적었다.

대학생들이 참여한 다른 연구에서도 12주 동안 매일 체중을 측정한 학생들은 살이 찌지 않았지만, 체중을 측정하지 않은 학생들은 평균 2.3kg 살이 쪘다.

매일 체중을 확인하는 것은 요요현상을 피하는 데 도움이 된다. 실제로 GHWR(국제건강체중기구)에서 조사를 했더니, 날씬한 사람의 50%는 체중을 자주 확인하는 것으로 나타났다. 앞서 살펴본 연구들과 일맥상통한 결과다.

경영학자 피터 드러커는 "측정할 수 없으면 관리할 수 없고, 관리할 수 없으면 개선할 수 없다"고 했다. 측정의 중요성을 강조한 말이다. 측정을 하면 현재 상태를 객관적으로 파악할 수 있어 개선 활동에 도움이 된다. 그렇다면 습관을 어떤 방법으로 측정하면 좋을까?

첫째, 매일 같은 시간에 측정한다. 체중은 시각에 따라 변하므로 같은 상태를 비교하려면 매일 같은 시각에 측정하는 것이 좋다. 아침에는 체중이 덜 나가고, 저녁식사 후에는 체중이 늘어난다. 나는 매일 아침과 저녁에 측정하는데, 아침과 저녁의 체중 변화를 확인할 수 있어 좋다. 바빠서 한 번만 측정해야 한다면 아침에 측정하는 것을 추천한다. 저녁에 몸무게를 재면 자고 나서 잊어버릴 수 있지만, 아침에 재면 아침부터 식사량을 조절할 수 있기 때문이다. 체지방까지 측정할 수 있는 체중계를 사용하면 더 좋다.

둘째, 애플리케이션을 활용한다. 특히 운동량을 측정하는 데 효과적이다. 걷기나 달리기, 자전거를 탄 거리를 정확하게 측정해서 간단하게 보여주는 애플리케이션이 많다. 체중만 측정해도 체중 관리가 쉬워지는 것처럼, 운동량만 파악해도 건강이 좋아진다. 타이머를 활용하여 공부시간이나 운동시간을 측정할 수도 있다.

기록은 변화를 만든다

"기록은 기억을 지배한다."

디지털 카메라 광고 문구다. 필름 카메라가 많던 시절, 기록으로 저장되는 디지털 카메라의 장점을 부각시킨 것이다. 습관 점검의 화룡점정은 바로 기록이다. 측정만 하고 기록하지 않으면 관리와 개선을 할 수 없다.

기록의 효과는 여러 습관에서 빛을 발한다. 먹은 음식을 기록하면 체중 감량으로 연결된다. 식사량을 기록하는 행동은 단순하지만, 그 효과는 강력하다. 지출을 기록하면 돈이 모이고, 업무를 기록하면 실력이 쌓인다. 기록은 성찰로, 성찰은 변화로 이어지기 때문이다.

이순신 장군은 기록과 성찰을 습관으로 실천한 대표적인 인물이다. 13만 자가 넘는《난중일기》에 비친 이순신 장군은 용감하기만 하거나 완전하기만 한 인간은 아니다. 때로는 연약하고 불완전한 모습도 보인다. 그는 일기를 통해 성찰했고, 성찰을 통해 자신의 부족함을 극복했다.

기록은 자신을 성찰하고 변화시킬 수 있는 좋은 기회다. 기록하면서 현재 행동을 점검하고, 미래 행동을 계획할 수 있다. 기록과 성찰은 생각과 행동을 서서히 변화시킨다. 기록과 성찰을 어떻게 하면 좋을까?

"체중 기록은 종이나 스마트폰 애플리케이션에 상관없이 효과가 있다."

레비츠키 교수의 이 말대로 기록은 저마다 편한 방법으로 한다. 일기나 메모, 스마트폰 애플리케이션 등 저마다의 취향에 따라 선택하면 좋다. 아날로그와 디지털 방식에는 각각의 장점이 있다. 일기나 메모 등 아날로그 방식의 장점은 글씨를 쓰는 행동을 통해 기억에 저장되며, 기록 당시의 기분과 감정을 회상할 수 있다는 것이다. 스마트폰 같은 디지털 기기는 자동으로 기록해주며, 많은 양의 기록을 조회하거나 비교할 때 편하다. 만보걷기 애플리케이션은 걸음수가 자동으로 기록되고, 결과를 친구들과 비교해서 보여주므로 동기부여에 효과적이다. 아날로그와 디지털 중 어느 방법이라도 좋다. 방법보다는 기록한다는 행위 자체가 중요하다.

나는 습관 결과를 애플리케이션에 기록한다. 터치만 하면 끝날 정도로 간편하다. 10개가 넘는 습관을 기록하는 데 1분이 걸리지 않는다. '습관골트래커'라는 애플리케이션을 사용하는데, 그림과 같이 해당 날짜를 터치하면 성공 경험으로 연결된다. 여기에 비밀이 숨어 있다. 습관을 며칠 동안 성공하면 연결고리가 생기는데, 다음날도 연결하고 싶은 욕구가 생겨서 실천 가능성이 높아진다.

깜빡하고 연결고리가 끊어진 적이 있는데, 그때마다 아쉬움이 남았다. 아쉬움이 남는 것보다는 가벼운 습관을 실천하는 편이 낫다. 연결고리가 끊어지면 다시 잇기 위해 다음날에는 꼭 실천한다. 또한 습관별로 알람시간을 설정할 수 있어, 습관 실천을 잊지 않게 챙겨준다. 이것 말고도 인터넷에서 '습관'이라고 검색하면 수십 개의 애플리케이션이 나오는데, 마음에 드는 것을 선택하여 사용하면 된다.

○ **습관 기록 애플리케이션(예시)**

실천 여부를 터치하면 입력된다

SUN	MON	TUE	WED	THU	FRI	SAT

감사 일기 3가지 쓰기

④—⑤—⑥—⑦—⑧—⑨—⑩

체중 측정

④—⑤—⑥—⑦—⑧—⑨—⑩

거울 보고 미소 짓기

④—⑤—⑥—⑦—⑧—⑨—⑩

습관별 연속 성공일수와 성공률을 보여준다

감사 일기 3가지 쓰기	2082	100%
체중 측정	838	99%
거울 보고 미소짓기	1024	100%

기록은 성찰로 이어진다. 성찰은 '자신이 한 일을 깊이 되돌아보는 일'이다. 측정되고 기록된 자료는 분석과 성찰을 통해 지식과 지혜로 다시 태어난다. 기록된 운동량을 일주일에 한 번 확인하면서 '이번 주는 지난주보다 운동량이 줄었

네. 왜 그랬을까'라고 생각한다면 원인을 찾아 개선할 수 있다. 자기 전에 하루를 돌아보며 좋았던 점과 아쉬웠던 점을 생각하고, 내일을 계획한다면 인생은 조금씩 행복으로 물들 것이다.

성찰은 인간을 성장시키는 원동력이다. 성찰이 좋다는 것은 알겠는데, 바빠서 성찰할 시간이 없다고 생각할 수 있다. 성찰하려고 따로 시간을 내지 않아도 된다. 측정과 기록을 하면서 동시에 성찰할 수 있기 때문이다. 몸무게를 재면서 '어제보다 1kg 늘었네. 오늘은 먹는 양을 조절해야지'라고 생각하는 것도 성찰이다. 일기를 쓰면서 '지난주에 책을 안 읽었네. 내일 출근하면서 책을 읽어야지'라고 자연스럽게 성찰할 수 있다. 성찰은 생각보다 어렵지 않고 짧은 시간에 할 수 있으므로 마음 먹는 것이 중요하다.

Easy
쉬운 목표를 세운다

○

작고 쉬운 것부터 시작한다

심리학자 로버트 치알디니Robert Cialdini는《설득의 심리학》
에서 흥미로운 연구를 소개한다.

연구팀은 미국 캘리포니아의 부촌을 찾아가 집주인들에
게 터무니없는 요청을 했다. 자원봉사자로 변장한 연구팀이
두 마을을 찾아가서 집 마당에 커다랗고 볼품없는 안전운전
캠페인 표지판의 설치를 허락해달라고 요청한 것이다.

A마을 사람들은 17%만 요청을 승낙했는데 비해 B마을
사람들은 76%가 승낙했다. 승낙 비율이 4배 이상 차이가 났
다. 무엇이 이렇게 큰 차이를 만들었을까?

사실 연구는 2주 전부터 시작되었다. 연구팀은 사전에 B 마을을 방문하여 '나는 안전운전자입니다'라고 쓰인 작은 스티커를 차 앞 유리에 붙여달라고 부탁했다. 사소한 요청이어서 사람들은 대개 동의했다. 그런 작은 행동이 2주 후 놀라운 차이를 만들었다. 안전운전 스티커를 붙이는 사소한 요청에 자발적으로 참여한 경험 때문에 사람들은 2주 후 부담스러운 요청도 거부감 없이 승낙한 것이다.

이것을 '문간에 발 들여놓기 전략'the foot in the door technique이라고 한다. 작은 약속부터 시작하여 나중에는 커다란 승낙을 얻어내는 전략이다. 이 설득 전략의 핵심은 작고 쉬운 것부터 시작하는 것이다.

습관들이기는 자신을 설득하는 작업이다. 먼저 새로운 습관이 왜 필요한지를 설득해야 하고, 다음으로 습관 행동의 실천을 설득해야 한다. 또한 이전 습관이 불쑥 튀어나오는 것을 막아야 하고, 유혹의 손길도 피하도록 설득해야 한다. 앞에서 살펴본 대로 습관도 작고 쉽게 시작해야 성공률이 높아진다.

작고 쉬운 시작은 우리에게 익숙하다. "천릿길도 한 걸음부터"라는 속담도 있지 않은가. 서울에서 부산까지 거리가 420km로 천리 남짓 되는데, 옛날사람들은 대개 그 길을 걸어서 다녔다. 너무 먼 거리라서 마음이 바쁘겠지만 그렇다고 두세 걸음씩 한꺼번에 걸을 수는 없다. 오직 한 걸음씩만 나아갈 수 있을 뿐이다. 습관도 그렇게 들이는 것이다.

시작의 중요성은 "시작이 반"이라는 속담이 잘 말해준다. 무슨 일이든 시작하기가 어렵고, 시작해서 습관들이기가 어렵지 일단 습관만 들여놓으면 나머지는 쉽다는 말이다. 시작의 어려움, 습관들이기의 어려움을 겪기는 선조들도 다를 바 없었다는 걸 알 수 있다.

유턴 공식으로 목표를 쉽게 만든다

작게 시작하고 싶은데, 뭔가 마음에 걸린다. 목표는 클수록 좋다고 한 격언이 발목을 잡는다. 대담한 목표audacious goal 가 멋져 보인다. 세계적으로 성공한 기업이나 인물들은 대담한 목표를 지향했다. 그래서 나도 그런 목표를 갖고 싶다. 대담한 목표는 가슴 설레게 하고, 도전정신을 불러일으킨다. 큰 목표는 도전했다가 실패해도 얻을 것이 많을 것 같다.

하지만 큰 목표는 이루기가 그만큼 어렵다는 것이 결정적인 흠이다. 그러므로 큰 목표를 이루려면 그것이 갖는 장점을 살리면서 성공 가능성을 높일 절충안이 필요하다.

"크게 생각하고, 작게 시작하라." Think big, Act small.

내가 지향하는 방식으로, 작게 시작하는 데 방점을 찍는다. 작고, 쉽게 시작해야 성공할 가능성이 높다. 크고 막연한 목표를 손에 잡히도록 작게 만들어야 한다. 이때 내가 만든 유턴 공식을 활용하면 도움이 될 것이다. 어려운 목표를 쉬운 목표로 바꿔주는 유턴 공식은 3단계로 구성된다.

1단계는 분해다. 큰 목표를 작은 목표로 나눈다. 음식을 소화시키려면 무엇보다 먼저 음식을 입안에 넣고 씹어 잘게 부숴야 한다. 통째로 삼키면 탈이 나거나 소화하기 어렵다. 크고 어려운 목표에 바로 도전하는 것보다는 작고 쉬운 목표로 나누어서 단계별로 실행하는 것이 효과적이다.

1년에 책 50권을 읽겠다는 대담한 목표를 세웠다. 이때 틈틈이 열심히 읽다보면 되겠지 하는 막연한 마음으로만 시작하면 이룰 수 없다. 그러나 '1년에 50권' 목표를 '1주에 1권'으로 잘게 쪼개기만 해도 성공 확률이 크게 높아진다.

여기서 멈추면 안 된다. 더 잘게 쪼개야 한다. 1주에 1권을 읽으려면 적어도 1일에 50쪽을 읽어야 하고, 100분이 필요하다. 그러면 하루 중 100분을 어떻게 새로 확보할 것인지 구체적인 계획이 서야 한다. 크고 막연했던 목표를 잘게 쪼개면 실감이 드는 구체적인 목표로 변한다.

하루 100분을 통째로 빼내기가 여의치 않다면 조금 더 잘게 쪼개보자. 잠자는 시간을 100분이나 줄이는 것도 부담스럽다. 이럴 때는 여기저기 자투리 시간을 모아본다. 출근길 20분, 일과 시작 전 20분, 점심시간 20분, 일과 후 20분, 퇴근길 20분, 예비로 잠자기 전 20분……. 이렇게 목표를 가능한 한 잘게 나눌수록 성취 가능성이 높아지고, 성취감을 자주 느끼면 행복해진다. 그래서 한 번의 큰 성취보다 여러 번의 작은 성취가 우리를 더 행복하게 한다.

2단계는 질문이다. 질문을 통해 쉬운 목표인지 확인하고, 어려운 목표라면 쉬운 목표로 바꾼다. 1단계에서 한 것처럼 독서 목표를 작게 쪼개서 실행하면 될 것 같은데, 실제로는 잘 안 된다. 매일 100분 독서가 쉽지 않기 때문이다. 평소 독서를 하지 않았다면 더욱 힘들다. 습관 강의에 참여한 선생님이 '하루 100분 독서' 목표를 세웠다.

만만치 않은 계획이어서 물었다. "선생님, 오늘 저녁에 100분 동안 독서하시겠어요?"

선생님은 당황한 표정으로 대답했다. "오늘부터요? 오늘은 힘들 것 같은데요."

"오늘부터 매일 100분씩 독서할 수 있겠느냐"고 물었을 때 곧바로 "할 수 있다"고 대답하지 못하면 부담이 커서 자신이 없다는 뜻이다. 오늘 부담스러운 일이 내일이라고 부담이 덜어질 리 없다. 다른 일로도 바쁘고 힘든데, 좋은 습관을 들인다며 너무 거창한 계획을 세워 나를 더 힘들게 할 필요는 없다. 무리하면서까지 책을 1년에 50권까지 읽을 필요는 없다. 무리하지 않는다면 1년에 1권만 읽어도 전혀 읽지 않는 것보다는 낫다. 목표는 어렵잖게 실행할 수 있을 정도로, 특히 처음에는 아주 만만한 수준으로 잡는 것이 중요하다.

"내 인생의 기적은 매일 밤 팔굽혀펴기 한 번에서 시작되었다."

자기계발 전문가 스티븐 기즈Stephen Guise가《습관의 재발견》에서 한 말이다. 지킬 수 없는 거창한 목표보다는 사소한 습관이 인생을 바꾼다는 그는 단 한 번의 팔굽혀펴기로 시작해서 규칙적인 운동 습관을 들였다. 팔굽혀펴기 한 번은 누구라도 할 수 있는 아주 쉬운 목표다. 2~3초면 충분하니 시간 걸릴 것도 없다. 성공 확률도 수십 번씩 하는 것에 비할 바 없이 높다. 한 개씩 하다가 힘이 붙으면 차츰 두 개, 세 개로 늘려서 마침내는 수십 번도 한 개 하듯 손쉽게 해낼 수 있게 된다.

습관 목표는 어떤 기준으로 얼마나 쉽게 잡아야 할까? 그야말로 식은 죽 먹기 정도로 만만해 보여야 한다. 정말 이것만 해도 되나 싶을 정도로 쉽게 생각되면 합격이다. 독서 습관을 예로 들면, 하루 100분은 부담스러울 수도 있지만 10분이라면 어떤가? 누구나 그깟 10분쯤이야 하고 코웃음을 칠 것이다. 아니 그 10분도 부담스러우면 5분, 1분으로 줄이면 된다. 그래야 목표를 향해 한 걸음씩 나아갈 수 있다. 가벼운 목표를 정했다면 이제 3단계를 준비한다.

3단계는 결합이다. 1단계에서 목표를 잘게 나누고, 2단계에서 질문을 통해 마음을 정했다면, 3단계에서는 하루의 작은 습관을 더해서 다시 큰 목표를 만든다. 큰 목표는 가슴 설레게 하는 꿈으로, 동기부여를 한다. 2단계에서 하루 독서 목표를 100분보다 쉬운 10분으로 낮췄다고 치자. 하루 10분이면 적어도 5쪽은 읽을 수 있다. 매일 10분씩 읽으면 250쪽 책 1권은 50일이면 읽는다. 1년이면 7권을 읽을 수 있지만, 매일 읽다 보면 속도가 점차 빨라져 1달에 1권, 1년이면 10권 이상은 너끈하다.

물론 1년 50권이니, 100권이라면 폼나는 목표이긴 하지만 실행할 수 없으니 그림의 떡일 뿐이다. 그래서 불가능한 100권보다는 가능한 1권이 100배 훌륭한 목표다.

참고로 목표를 측정 가능하게 만들면 좋다. 목표에 숫자를 포함하거나 실천 여부를 O, X로 확인할 수 있도록 만드는 것

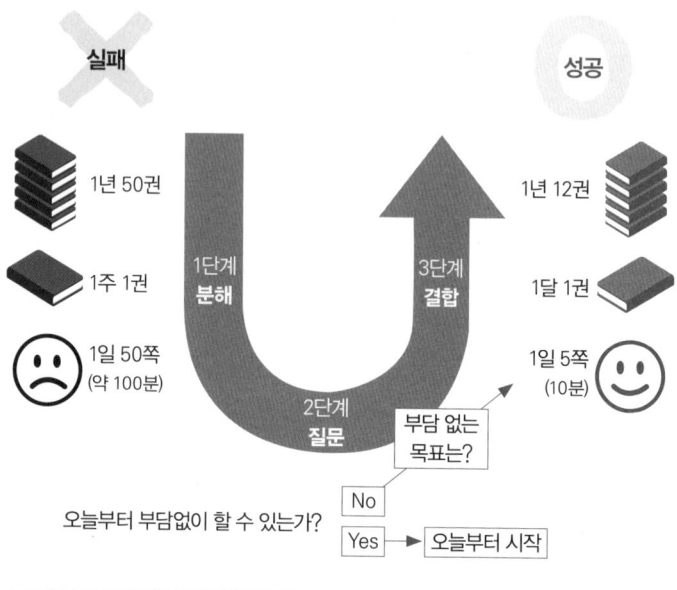

이다. 운동을 열심히 하겠다는 식의 막연한 목표는 별 의미
가 없다.

매일 아침저녁으로 5분씩 스트레칭하기, 매일 아침 윗몸
일으키기 10개씩 하기, 매일 퇴근길 한 정거장 걸어가서 버
스 타기 하는 식의 구체적인 목표라야 습관을 들일 수 있다.
체중을 줄이겠다는 막연한 목표보다는 한 달 동안 야식 끊기
와 같은 측정 가능한 목표를 세워야 한다.

Hurdle
장애 요소를 고려한다

○

가시밭길에도 대비할 필요가 있다

"꽃길만 걸으세요."

기분 좋은 덕담이다. 누구나 꽃길을 원하겠지만, 살다보면 가시밭길을 만나기도 한다. 습관들이기 계획도 꽃길만 걸으면 좋을 텐데, 마음대로 되지 않는 것이 인생이다. 살다보면 꽃길보다 더 자주 만날 수밖에 없는 가시밭길을 염두에 두지 않아서 우리는 습관들이기에 실패하기도 한다.

"장밋빛 미래만을 생각하는 긍정적 사고는 오히려 역효과를 낼 수 있다."

심리학자 가브리엘 외팅겐Gabriele Oettingen의 주장이다. 긍정적인 상상을 하면 자기도 모르게 이미 목표를 달성했다는 망상에 빠져 노력하지 않게 된다는 것이다.[24] 긍정적으로만 생각하면 뇌는 상상과 현실을 구별하지 못하게 되어 현실의 장애를 극복하기 어렵다.

외팅겐 교수 연구팀은 이 주장을 증명하기 위해 다이어트 실험을 했다. 다이어트를 원하는 대학생 101명을 모집한 후 무작위로 세 그룹으로 나누어 과제를 주었다.

A그룹은 다이어트 성공 후 누리게 될 긍정적인 경험(가벼워진 몸과 마음, 입고 싶던 옷을 입고 놀러 가는 상상 등)을 생생하게 상상하여 기록한 후 다이어트를 실시했다. B그룹은 A그룹의 긍정적인 상상 후 다이어트를 방해하는 현실적인 장애를 기록하고 다이어트를 실시했다. 마지막으로 C그룹은 아무런 과제 없이 바로 다이어트를 실시했다.

그렇게 2주가 지났다. 세 그룹 가운데 어느 그룹의 결과가 가장 좋았을까?

B그룹이다. 이 그룹은 섭취 열량이 다른 그룹에 비해 2배나 더 감소되었다. 먹은 음식을 살펴보면, B그룹은 열량이 높은 음식(즉석식품, 사탕, 초콜릿, 빵, 설탕 등)을 적게 먹었다. 열량을 낮추면서도 포만감을 유지한 것이다. 게다가 B그룹의 운동 증가량은 다른 그룹에 비해 2배 이상 높았다.[25] 긍정적

인 상상과 현실적인 장애 요소, 다시 말해 꽃길과 가시밭길을 함께 생각하는 방법이 가장 효과적이었다.

흥미로운 것은 A그룹과 C그룹의 결과였다. 긍정적인 결과를 상상한 A그룹과 아무런 과제 없이 다이어트를 실시한 C그룹의 결과는 거의 같았다. 긍정적인 결과만 상상하는 일은 별다른 효과가 없다는 의미다. 이 결과는 많은 사람들이 되뇌어온 '꿈꾸면 이루어진다'는 믿음에 어긋난다. 그렇다고 긍정적인 상상이 무조건 나쁜 것만은 아니다. 꿈꾸는 것은 좋지만, 꿈꾸기만 하고 현실의 장애를 외면하면 실행에 도움되지 않는다는 이야기다. 꿈꾸는 동시에 현실적 장애도 고려해야 목표 달성에 효과적이다.

장애 요소도 인생의 일부다

나는 걷기운동 습관들이기를 '만보걷기'라는 막연한 계획으로 시작했다. 그럭저럭 며칠을 계획대로 보냈는데 예상치 못한 장애를 만났다. 퇴근 무렵에 갑자기 쏟아진 비가 밤늦도록 그치지 않아 운동을 못했다. 솔직히 운동하기 귀찮았는데, 비를 핑계로 얼씨구나 하고 하루 거른 것이다. 그렇게 합리화하는 스스로가 쑥스러웠는지 나는 '내일부터는 빠지지 않고 열심히 하면 되지' 하는 혼잣말을 되뇌면서 잠자리에 들었다.

며칠 뒤에 또 다른 장애를 만났다. '미세먼지 매우 나쁨'이었다. 이번에도 내 안의 합리적 평계가 고개를 들었다.

'나는 왜 걷지? 건강을 위해서 걷는 거잖아. 그런데 미세먼지가 심한 날에 걷는 것은 오히려 건강에 좋지 않아. 그러니까 오늘은 쉬는 게 낫겠어.'

마침 TV 〈오늘의 날씨〉에서는 전문가의 말을 빌려 "외부활동을 삼가라"는 친절한 멘트까지 날린다. 나는 이런 합리적인 평계에 간단히 승복하고 만다.

만보걷기의 장애는 생각보다 많았다. 무더위와 추위, 눈, 강풍 같은 날씨는 물론 피로, 감기, 몸살, 야근, 저녁 약속, 스포츠 중계, 질병의 유행까지 다양했다. 그중 최고의 장애는 '그냥 하기 싫은 마음'이었다. 별 이유도 없이 싫다는데 어쩌랴.

이런저런 이유로 운동을 거르다 보니, 운동 하지 않은 날이 더 많아졌다. 야심차게 시작한 만보걷기 습관 형성 목표는 결국 이루지 못했다. 기본 건강을 유지하기 위한 운동 습관 하나 만들지 못하는 자신을 한탄하면서도 '다음에 잘하면 되지 뭐!' 하는 자기 위안 속으로 무너지는 자신이 한심스러웠다.

습관들이기에서 가시밭길을 상기시킨 외팅겐 교수의 남편 피터 골비처Peter Gollwitzer 역시 심리학자로, 뉴욕대학 교수다. 그는 If-then 계획으로 유명하다. 부부는 습관들이는 데효과적인 방법 만들기에 의기투합하여 공동으로 웁WOOP을만들었다. 웁은 소망Wish, 결과Outcome, 장애Obstacle, 계획Plan의머리글자를 딴 말이다. 꽃길(소망, 결과)과 가시밭길(장애)을상상한 후 If-then 계획을 세운다는 것이다.

If-then 계획법은 If에서는 현실적인 장애를 제시하고, then에서는 장애를 극복하기 위한 구체적 행동을 표현한다. 예를 들어, 다이어트를 위해 단 음식을 먹지 않겠다고 결심했다면 이런 If-then 계획을 세울 수 있다.

If: 집에서 사탕 또는 초콜릿을 본다면 (장애 요소)

then: 보이지 않는 곳으로 치우겠다 (극복 행동)

If-then 계획의 원리는 짝짓기다. 장애 요소와 극복 행동을 정신적으로 강하게 연결하여 실천 가능성을 높이는 전략이다. 사전에 구체적인 계획을 세우면 장애를 극복하는 행동이 자동으로 나온다. 골비처는 If-then 계획을 활용한 연구 94개를 종합하여 분석했는데, If-then 계획은 금연, 건강한 식습관, 자기계발, 업무 몰입, 쓰레기 재활용, 대중교통 이용, 과제하기 등 다양한 목표를 달성하는 데 효과를 보였다. 또한 공포와 두려움 같은 감정조절에도 도움이 되었다.[26]

If-then 계획법만으로도 효과적인데, 여기에 긍정적인 상상과 현실적인 장애를 함께 생각하는 방법을 더한 웁은 어느 정도의 효과를 보였을까?

웁은 《해리포터》에 나오는 마법 지팡이 같았다. 웁을 적용한 사람들은 다른 사람들보다 운동을 2배 이상 많이 했으며, 4개월 후에도 효과가 지속되었다.[27] 또한 웁을 적용한 여성들은 다른 사람들보다 과일과 채소를 많이 먹었고, 그 효과는 2년 후에도 유지되었다.[28] 여러 연구를 통해 웁은 운동, 식습관, 시간관리, 공부, 금연 등 광범위한 습관에 유용한 도구라는 사실이 입증되었다.

장애 요소 극복하기

처음 만보걷기를 습관으로 만드는 데 실패한 나는 웁을 적용해서 마침내 효과를 보았다. 들이고 싶은 습관을 생각하면서 보면 도움이 될 것이다.

첫째는 소망(W)으로, 자신이 바라는 것을 적는다. 당시 내

소망은 하루 만보걷기 실천이었다.

둘째는 결과(O)로, 바라던 소망이 이루어졌을 때 나타날 최상의 결과를 상상한다. 성공했을 때의 기분도 생생하게 그려본다. 내가 매일 만 보를 걷는다면 허리 주변 근육이 강화되어 허리가 더 이상 아프지 않을 것이다. 아울러 다리가 튼튼해지고, 체중 관리에도 도움이 될 것이며, 기분 또한 상쾌해질 것이다. 마지막으로 습관 목표를 달성했다는 성취감과 자신감으로 가슴 뿌듯할 것이다. 여기까지는 긍정적인 결과를 생생하게 그려보는 과정이다.

셋째는 장애(O)를 고려한다. 꽃길만 걸으면 좋겠지만 현실은 녹록치 않다. 실행 도중에 예상치 못한 가시밭길이 나타나면 당황스럽다. 습관을 실천하는 데 가장 큰 장애는 무엇인가? 자신의 상황을 진지하게 점검하여 숨어 있는 장애를 찾아낸다. 장애를 구체적으로 적으면 효과적이다.

만보걷기를 하는 데 현실적인 장애는 2가지로 구분된다. 날씨가 좋지 않거나(비, 눈, 미세먼지, 무더위, 강추위 등) 감염 우려로 나가기 어려울 때와 피곤할 때다. 바로 장애 단계가 웁의 차별성이다. 긍정적인 사고와 현실적인 장애를 함께 생각하면서 이상과 현실의 차이를 파악할 수 있다.

마지막 단계는 계획(P)이다. 앞에서 파악된 장애를 극복할 수 있는 계획을 수립한다. 여기에서 If-then 계획을 활용한다. If에는 장애 요소를, then에는 구체적인 극복 행동을 적는다. 나는 만보걷기의 장애를 극복하기 위해 3가지 계획을 세웠다.

1. 날씨나 감염 우려 때문에 외출이 어렵게 되면 홈 트레이닝을 30분간 한다.
2. 날씨가 더우면 서늘한 저녁에, 추우면 따뜻한 낮에 걷는다.
3. 매우 피곤한 날에는 5,000보만 걷는다.

3가지 계획 중에는 만보걷기보다 운동 강도가 약한 것도 있다. 갖가지 핑계로 운동을 아예 거르는 것보다 조금이라도 하는 것이 낫다고 생각했다. 움을 적용하면서 만보걷기를 전보다 쉽게 할 수 있게 되었다. 그전에는 날씨나 컨디션 핑계를 대고 운동을 거르면 마음이 불편했지만 이제는 명확한 계획이 있어서 마음이 한결 편해졌다. 이처럼 움을 활용하면 현실의 장애를 극복하는 구체적인 행동을 미리 준비하게 되어 실천 가능성이 높아진다.

움은 과학적으로 증명된 습관도구이므로 믿고 활용해도

○ 웁woop을 적용한 '만보걷기' 습관 형성의 예

구 분	내 용
Wish 소망	매일 만보걷기 실행하기
Outcome 결과	허리 통증 감소, 다리 근육 강화, 체중 관리, 상쾌한 기분, 성취감과 자신감 증진
Obstacle 장애	밖에 나가기 어려울 때 (날씨가 나쁘거나 감염 우려), 피곤할 때
Plan 계획 (If–then)	1. 날씨나 감염 우려 때문에 외출이 어렵게 되면 홈 트레이닝을 　30분간 한다. 2. 날씨가 더우면 서늘한 저녁에, 추우면 따뜻한 낮에 걷는다. 3. 매우 피곤한 날에는 5,000보만 걷는다.

된다. 참고로, 웁을 작성할 때 장애와 계획을 최대한 많이 적어야 좋다. 많이 적을수록 성공 가능성이 높아진다는 사실이 연구와 코칭 경험을 통해 입증되었다. 강의와 코칭을 할 때도 3개 이상 적을 것을 권장한다.

만들고 싶은 습관이 있다면 웁을 작성해본다. 갑자기 작성하는 것이 부담스럽다면 확정이 아니라 초안이니 나중에 수정하면 된다고 생각한다. 예시를 참고해도 좋고, 외팅겐이 개발한 애플리케이션 WOOP을 활용해도 좋다. 웁을 활용한다면 원하는 습관에 한 걸음 다가갈 것이다.

Attach
기존 습관에 붙인다

〇

왜 약은 식후 30분에 먹으라고 할까

"식후 30분에 드세요."

약국에서 약을 받으면서 자주 듣는 말이다. 사실 대부분의 약은 어느 시간에 먹어도 약효에 변함이 없다. 아무 때나 먹어도 되는 약을 굳이 식후 30분에 먹으라는 이유는 뭘까?

약은 식도를 거쳐 위나 소장에서 녹아 혈액 속으로 흡수되는데, 약효가 유지되는 시간은 5~6시간쯤이다. 그런데 우리가 평소 5~6시 간격으로 하는 행동이 바로 식사다. 아침식사는 7~8시, 점심식사는 12~13시, 저녁식사는 18~19시쯤에 한다.

약효 유지 시간과 식사 시간 간격이 비슷하고, 약 복용을 잊지 않게 하려고 약 복용과 식사를 연결한 것이다. 차려진 밥상에 숟가락 하나 올리듯 식후에 약을 복용하도록 한 것이다. 기존 습관인 식사에 새로운 습관인 약 복용을 연결시켜 새로운 습관을 쉽게 정착시키는 전략이다. 기업에서도 이런 전략을 활용한다.

글로벌 기업 P&G는 연구원이 우연히 발견한 물질로 섬유에 배인 불쾌한 냄새를 제거하는 페브리즈를 개발했다. 출시 이전부터 회사의 엄청난 기대를 받은 페브리즈는 대대적인 마케팅에도 불구하고 초기의 판매 실적은 형편없었다. P&G 역사상 최악의 실패작이라고 불릴 정도였다. 하지만 이제는 전 세계에서 꾸준한 인기를 얻고 있는 히트 상품이 되었다. 무슨 일이 벌어진 걸까?

페브리즈를 처음 출시하면서 "악취를 지울 수 있다"는 메시지의 광고를 냈는데, 사람들은 탈취제의 필요성을 크게 느끼지 못했다. 집안 냄새에 익숙해진 사람들은 우리 집은 냄새 안 난다며 탈취제를 거들떠보지도 않았다. 회사는 막대한 투자 실패 위기에 몰렸다.

P&G 마케팅팀은 그동안 모은 소비자 자료를 면밀히 검토한 결과 사람들이 청소 후에 향긋한 냄새를 좋아한다는 사

실을 알게 되어 페브리즈에 향긋한 냄새를 첨가했다. 마케팅 팀은 모든 전략을 수정하여 사람들이 청소 후에 페브리즈를 뿌리며 행복해하는 모습을 담은 광고를 내보냈다. 기존 습관 인 청소에 새로운 습관인 페브리즈 뿌리기를 연결시킨 것이 다. 과연 이런 연결 전략이 주효하여 페브리즈는 날개 돋친 듯 팔리기 시작했다.

연필과 지우개

1858년, 15세의 화가 지망생 하이멘 립맨Hymen Lipman은 병 든 홀어머니를 간호하며 살아가는 소년가장이었다. 어느 겨 울날, 아침부터 생계를 위해 열심히 그림을 그렸다. 오전 중 에 그림을 완성해야 오후에 팔 수 있었다. 그런데 지우개가 보이지 않았다. 방안을 전부 뒤졌으나 찾을 수 없었다. 결국 그림을 팔지 못했다.

다음날부터 그는 연필과 지우개를 실로 매달아 연결했다. 잃어버리지는 않았지만 연필에 매달려 움직이는 지우개가 불편했다. 어느 날, 그는 외출하려고 모자를 쓰다가 거울을 봤다. 거울에 비친 자신의 모습을 보고 무릎을 쳤다. 머리에 모자를 쓰듯 연필에 지우개를 붙이면 되겠다는 생각이 떠오른 것이다. 립맨은 지우개가 달린 연필을 발명했고, 이 특허를 사업가에게 10만 달러에 팔아 부자가 되었다.

그런데 지우개가 달린 연필 이야기를 통해 우리는 "식후 30분 후에 드세요" 하는 주문이 연필과 지우개를 실로 매달아 연결한 것처럼 느슨하다는 것을 알 수 있다. 식후 30분을 기다리다가 잊어먹을 수도 있기 때문이다. 찾아보니 수년 전 서울대병원에서는 복약 지침을 '식후 30분'에서 '식후'로 바꿨다고 한다. 잊어먹지 않고 약을 먹는 것이 중요하다고 생각해서 식후 바로 먹는 방법으로 변경했다는 것이다. 연필에 지우개를 붙이듯 기존 습관에 새로운 습관을 착 붙인 것이다.

나는 이 방법을 내 습관들이기에 적용해보았다. 나는 매일 거울을 보고 "개구리 뒷다리!" 하면서 10초 동안 미소를 짓는다. 이미지 관리를 위한 미소 짓기 연습이다. 얼굴에는 수십 개의 근육이 있어서 연습하지 않으면 웃음에 필요한 근육이 굳어진다. 성인은 아이보다 웃는 횟수가 적어서 웃는 것도 연습이 필요하다. 또한 미소를 지으면 이미지 관리는 물론 신경전달물질이 분비되어 기분까지 좋아진다.

처음에는 '거울을 볼 때마다 수시로 해야지' 하고 마음먹었는데, 잊어먹기 일쑤였다. 일과 중 화장실에서 거울을 보고 미소 연습이 생각났는데, 주변 사람들의 시선이 신경 쓰여 하지 못했다. 나의 기존 습관을 생각하면서 언제 하면 좋을지 생각했다. 아침에 일어나 욕실에 가면 먼저 양치부터 한다. 이때 거울을 보는데, 그 순간 미소 짓기를 연습하기로 했다. 아침에 미소 짓기를 하면 잠을 깨는 효과도 있어서 더욱 좋다. 처음에는 몇 번 까먹었지만 계속하다 보니 이제는 아침에 욕실 거울만 보면 미소 짓기가 생각난다. 기존 습관인 양치에 새로운 습관인 미소 짓기를 붙인 효과가 나타난 것이다.

다른 습관에도 적용했다. 기존 습관인 퇴근과 샤워에 새로운 습관을 붙였다. 먼저 퇴근할 때는 만보걷기를 한다. 퇴근할 즈음에 만보가 안 되면, 남은 거리를 확인한 후 한 정거장을 일찍 내려서 걷거나 동네 주변을 걸어서 만보걷기를 완성한다. 그리고 집에 들어올 때 승강기를 타지 않고 9층 계단 걷기를 한다. 이 습관도 반복하다 보니 아파트 공동 출입문을 열고 들어오면 '계단으로 올라가야지' 하는 생각이 저절로 든다. 집에 오면 샤워를 하는데, 샤워하기 전에는 팔굽혀펴기와 누워서 다리 올렸다 내리기를 한다. 이 시간이 더 늦은 시간보다 상대적으로 체력이 남아 있기 때문이다. 샤워를 하고 나오면 자동으로 체중을 측정한다. 매일 비슷한 시간에 측정하므로 체중 변화를 확인하는 데 효과적이다. 이렇게 기존 습관인 퇴근에 새로운 습관 만보걷기와 9층 계단 걷기를 붙였고, 샤워라는 기존 습관 앞뒤에는 팔굽혀펴기와 누워서 다리 올렸다 내리기 그리고 체중 측정이라는 새로운 습관을 붙였다. 물론 하나가 정착되고 난 후에 다음 습관을 들였다.

이와 같이 매일 하는 기존 습관에 새로운 습관을 붙이면, 기존 습관을 할 때 새로운 습관이 연상되므로 실천 가능성이 높아진다. 이때 주의할 점이 있다. 샤워는 매일 하는 습관이라 상관없지만, 퇴근은 주말에는 하지 않으므로 기존 습관이 사라진다. 이럴 때는 평일과 주말을 통합할 수 있는 습관으로 명칭을 바꾸면 된다. 그래서 나는 '퇴근' 대신 '귀가'라는 용어로 바꿨다.

Buddy
친구와 함께한다

습관도 전염된다

"오후에는 친구랑 놀래요." 아이가 말했다.

반사적으로 물었다. "누구랑 놀거니?"

"재희요."

"그래, 재미있게 놀다 와."

재희는 책을 좋아한다. 우리 집에 놀러 와서 2시간쯤 책을 읽고 간 적도 있다. 지난번에는 재희와 우리 아이를 데리고 도서관에 갔다. 아이가 친구랑 가니까 평소보다 더 열심히 책을 읽는 것 같아서 좋았다. 3시간쯤 책을 읽고 왔는데 둘 다 만족하는 눈치였다. 그래서 재희랑 논다고 하면 마음이 편하다. 아이들이 좋은 친구를 만났으면 하는 것은 모든 부모의 바람이다. 물론 우리 아이들이 먼저 좋은 친구가 되어야겠지만 말이다.

나도 비슷한 경험을 해서 그런지 이런 기대를 하는 것 같다. 고등학생 때 공부보다는 운동을 좋아했다. 날마다 시간 가는 줄 모르고 신나게 축구나 농구를 했다. 그러던 어느 날 밤, 한 친구가 말했다.

"운동도 재밌지만, 고등학생이니 공부도 같이 해서 대학 진학 후에도 계속 만났으면 좋겠어."

지금 돌이켜봐도 기특한 생각이었다. 그때부터 친구들과 학교 도서실에서 매일 3시간씩 공부했다. 자율적으로 규칙을 정해 결석과 지각은 물론 떠들거나 졸아도 벌금을 부과할 정도로 엄격하게 관리했다. 갑자기 공부를 하려니까 처음에는 힘들었지만, 친구들과 함께하니 의지가 되었다. 친구에게 물어보며 꾸준히 공부하자 성적이 올랐다. 좋은 친구들 덕분이었다. 수십 년이 지난 지금도 변함없이 만나며 우정을 나누고 있다.

의사이자 사회학자인 니컬러스 크리스태키스Nicholas Christakis와 정치학자 제임스 파울러James Fowler는 사람들 사이의 네트워크에 관심을 가졌다. 이들은 비만을 사회적 네트워크 분석을 통해 설명했다. 성인 1만 2,067명을 1971년부터 32년간 관찰한 결과, 비만이 전염된다는 것을 밝혀냈다.[29] 친구가 비만이면 자신도 비만이 될 가능성이 다른 사람에 비해 57%나 높았다. 동성 친구가 이성 친구에 비해 더 큰 영향을 주었다. 아마 밥이든 술이든 이성 친구보다는 동성 친구와 더 자주 먹기 때문이지 싶다.

크리스태키스와 파울러는 비만 연구 대상자들의 흡연 여부도 분석했다. 살펴보니 흡연자와 비흡연자의 그룹이 구분되었다. 흡연자는 흡연자들과 더 친했고, 비흡연자는 비흡연자들과 더 밀접한 관계를 유지했다. 최근 30년간 사회 전반적으로 흡연율은 감소했지만, 흡연자 그룹에 속해 있는 흡연자는 큰 영향을 받지 않았다. 흡연자 그룹 안에서 흡연을 지속한 것이다. 반면에 흡연자 그룹에 속하지 않고 혼자 흡연하는 사람들의 흡연율은 줄어들었다. 흡연뿐만 아니라 금연도 전염된다. 친구가 금연하면 흡연 양이 이전보다 36% 줄었다. 회사 동료가 금연해도 흡연 양이 34% 줄었다. 이와 같이 친구와 동료의 영향은 대단하다. 그런데 친구와 동료를 능가하는 사람이 있으니, 바로 배우자다. 배우자가 금연을 하면 상대 배우자의 흡연은 67%나 감소했다.[30]

두 학자는 행복도 전염된다는 사실을 밝혀냈다. 네트워크를 분석해보니 행복한 사람들은 행복한 사람들끼리 함께 모여 있었다. 이들은 사회적 네트워크 안에서 영향력 전파는 '3단계 영향 규칙'을 따른다고 주장한다.

예를 들어, 내가 행복하면 나와 직접 연결된 1단계인 내 친구가 행복할 확률은 15% 높아진다. 그리고 2단계인 내 친구의 친구는 10%, 3단계는 6% 더 행복해졌다.[31] 3단계까지는 유지되던 영향력이 4단계에서는 거의 사라졌다. 그래서 '3단계 영향 규칙'이라고 불린다. 이 규칙은 행복은 물론 비만, 흡연, 금연에도 적용된다.

많은 친구보다 어떤 친구인지가 중요하다. 이왕이면 행복한 친구 근처에 사는 것이 좋다. 행복한 친구가 1.6km 안에 살면 자신이 행복할 확률이 25% 증가했다. 멀리 사는 친구가 행복해질 확률 15%보다 10% 더 높은 수치다.

멀리 가려면 함께 간다

UCL(유니버시티 칼리지 런던)의 연구팀은 흥미로운 연구 결과를 발표했다. 부부가 건강을 위해 함께 노력하면 성공 가능성이 더 높아진다는 것이다.[32]

연구팀은 노화 연구에 장기간 참여한 50세 이상 부부

3,722쌍을 조사했다. 그 결과 다이어트, 운동, 금연 등 건강 습관을 부부가 함께하면 성공률이 높아졌다.

다이어트를 부부가 함께하면 혼자 하는 사람에 비해 성공률이 2배 이상 높았다. 체중 5% 감량에 도전한 사람들 가운데, 부부가 함께한 사람들의 성공률은 남편 26%, 아내 36%였다. 반면에, 혼자 도전한 사람들의 성공률은 남편 9%, 아내 15%였다. 운동도 부부가 함께하면 지속하는 비율이 2배 이상 높았다. 부부가 함께 운동하면 남편 67%와 아내 66%가 운동을 지속했다. 반면에 혼자 했을 때의 지속 비율은 남편 26%, 아내 24%였다. 금연 결과도 비슷했다. 남편이 금연을 시도했을 때, 흡연자인 아내가 함께 금연하면 48%가 성공했다. 반면에 아내가 금연하지 않고 담배를 계속 피우면 8%만 성공했다.

이와 같이 습관은 전염된다. 다이어트, 운동, 자기계발, 금연 등 다양한 습관에서 함께하는 방법의 효과가 입증되었다. 습관을 함께하는 방법에는 뭐가 있을까?

첫째, 친한 사람과 함께한다.

가족이나 친구, 동료 등 친한 사람들과 함께하면 습관을 유지할 가능성이 높아진다. 함께 좋은 습관을 들이고, 나쁜 습관을 버리는 것이다. 체중 감량 프로그램에 여러 명이 팀을 구성해서 참여하면 혼자 참여한 사람보다 체중 감량 효과가 33% 더 높았다.

수년 전 직장에서 체중 감량 프로그램을 실시했다. 팀을 구성해 참여한 직원들을 살펴보니 함께 식사와 운동을 했다. 함께 활동하면서 서로 격려하는 모습이 보기 좋았다. 가족, 친인척, 친구, 동료 가운데 마음이 맞는 사람과 습관들이기를 같이할 수 있다면 더욱 좋다.

둘째, 온라인에서 함께한다.

바쁘거나 감염 우려가 있어 만나기 어려울 때 활용할 수 있는 방법이다. 평소 만보걷기를 할 때는 스마트폰 애플리케이션을 활용한다. 매일 걸음 수가 기록되는 애플리케이션은 내 기록을 친구 또는 전체 사용자와 비교해서 보여준다. 다른 사람들과 비교하여 나의 위치를 객관적으로 파악할 수 있다. 열심히 걷는 친구를 보면서 자극을 받기도 하고, 직장 동료의 관심에 더 열심히 하게 된다.

애플리케이션뿐 아니라 익숙한 SNS나 온라인 커뮤니티를 활용하는 것도 효과적이다. 포털 사이트에서 '다이어트'나 '운동'을 검색하면 만 개 이상의 커뮤니티가 검색된다. 마음에 드는 곳에 가입하여 다양한 정보를 얻고, 온라인 또는 오프라인 모임을 통해 습관들이기를 함께할 수도 있다.

수년 전부터 습관에 관한 강의를 했는데, 강의 후 온라인 커뮤니티를 만들어 함께 실천하고 있다. 자신이 실천한 결과를 매일 올리고, 다른 사람들의 실천을 서로 격려하면서 좋은 효과를 거두고 있다. 두 달 넘게 스트레칭을 실천하고 있는 분이 이런 글을 올렸다.

"그동안 글을 올리면서 함께 격려해주신 ○○ 선생님 감사합니다. 선생님 글을 보면서 함께 끝까지 할 수 있었습니다."

셋째, 공개 선언을 한다.

공개 선언을 하면 실천하는 건 혼자지만 함께하는 효과를 거둘 수 있다. 실제로 주변 사람들이 잘하고 있는지 물어본다. 나도 이 책을 쓰겠다고 수년 전에 공개 선언을 했다. 책을 쓰다가 슬럼프에 빠졌을 때, "책 쓰기는 잘되고 있니?" 하고 묻는 친구의 관심과 격려가 큰 힘이 되었다. 공개 선언을 했기에 가능한 일이다.

공개 선언이 효과적인 이유는, 사람은 누구나 타인의 평가에 신경을 쓰기 때문이다. 아무도 부정적인 평가를 원하지 않는다. 좋은 평가를 받고 싶어서라도 공개 선언한 약속을 지키려고 노력한다.

아울러 공개 선언을 하면 스트레스를 줄이려고 한다. 자신의 생각과 행동이 조화를 이루지 못하면 심리적으로 불편함을 느끼는데, 이를 '인지 부조화'라고 한다. 책을 쓰겠다고 선언한 후 책을 쓰지 않으면 마음이 불편해지는데, 이때 받는 스트레스를 줄이기 위해 책을 쓰려고 노력한다는 것이다.

기러기는 매년 1만km 이상 이동한다. 서로 격려하면서 날아가기에 가능한 일이다. 사람도 서로 격려하면 힘이 난다. 습관들이기는 긴 여정이다. 멀리 가려면 함께 가는 것이 좋다.

Incentive
자신에게 보상한다

○

습관에도 응원이 필요하다

〈뉴욕타임스〉 기자로 일하는 찰스 두히그Charles Duhigg는 《습관의 힘》에서 습관이 생기는 과정을 신호, 반복 행동, 보상의 3단계로 설명한다.

내가 매일 하는 '거울 보고 미소 짓기'를 예로 들겠다. 아침에 양치하려고 욕실 거울 앞에 선다. 이것이 신호다. 다음으로 거울을 보면서 자연스럽게 웃는다. 간단한 반복 행동이다. 웃으면 뇌에서 신경전달물질이 분비되어 기분이 좋아진다. 반복 행동으로 보상을 얻은 것이다. 신호, 반복 행동, 보상은 이렇게 연결되어 습관 형성을 돕는다. 보상은 습관에서 중요한 역할을 하는데, 특히 습관 형성 초기에는 습관을 들이는 데 도움을 준다. 보상을 효과적으로 활용하면 습관을 쉽게 들일 수 있다.

보상은 어떤 행동을 했을 때 주어지는 긍정적이거나 매력적인 대가다. 보상은 일상에서 흔히 볼 수 있다. 학생들은 선생님 말씀을 잘 따르면 칭찬을 받고, 학습 활동을 잘하면 상을 받는다. 직장인들은 일의 대가로 월급을 받고, 우수한 성과를 내면 인센티브를 받는다. 이런 보상은 다른 사람이 주는 보상으로, 습관에 적용하기는 어렵다. 내가 새로운 습관을 들였다고 남이 인센티브를 주지는 않기 때문이다. 그럼 어떤 방법이 좋을까?

자기에게 보상하는 방법을 추천한다. 걷기운동을 시작했을 때, 자기 보상으로 효과를 봤다. 익숙한 길을 반복해서 걷다 보니 조금 지루해졌다. 재미있게 걷고 싶었다. 그래서 목적지에 도착하면 나에게 음료를 선물하기로 했다. 목적지에 도착한 후 어떤 음료를 마실지 살펴봤다. 탄산음료나 과일주스는 칼로리나 당분이 높았다. 열심히 걸어서 칼로리를 간신히 소비했는데, 음료로 단숨에 보충하기 싫었다. 그래서 고른 것이 물과 탄산수다. 물은 무난하고, 탄산수는 탄산음료의 기분을 낼 수 있어서 선택했다. 가끔 생과일주스를 마시기도

하는데, 시럽은 빼고 마신다. 이렇게 음료라는 작은 선물을 주다 보니, 그만 걷고 싶을 때 조금만 가면 선물을 받을 수 있다는 생각에 힘을 낼 수 있었다.

습관을 게임하듯 실천하면 재미있다. 게임이 재미있는 이유 중 하나는 즉각적인 보상 때문이다. 미션을 완료하면 레벨이 올라가거나 보상이 주어진다. 즉각적인 보상은 게임하는 동기부여로 연결된다. 새로운 습관을 들일 때도 게임처럼 단계별로 적절한 보상을 주면 동기부여에 도움이 된다.

걷기운동을 예로 들면, 자신에게 하루 성공하면 음료를 선물하고, 한 달 동안 성공하면 운동화를 선물한다. 5kg 체중 감량을 목표로 할 경우, 3kg을 감량하면 좋아하는 과일을 선물하고, 5kg을 감량하면 예쁜 옷을 선물한다. 목표를 달성하면 주는 조건부 보상은 목표를 지향하고 유혹에 저항하는 데 효과적이다.[33]

보상에 정답은 없다. 다양한 보상을 실험하면서 자신에게 꼭 맞는 것을 찾으면 좋다. 보상에는 주의할 점이 있다. 첫째, 습관 목적에 부합해야 한다. 다이어트에 하루 성공했다고 야식을 선물한다면 말짱 도루묵이다. 다이어트에 도움이 되는 보상을 찾아야 한다. 둘째, 즉각 보상한다. 연말에 주는 큰 보상보다는 매일 주는 작은 보상이 효과적이다. 셋째, 관대하게 보상한다. 자기관리에는 엄격해도 보상에는 관대할 필요가 있다. 내 습관을 내가 응원하는 데 인색할 필요가 없다.

지금까지 물질적인 보상을 살펴보았다. 물질적인 보상은 효과적이지만 2가지 한계를 지닌다. 하나는 유한한 자원이라는 점, 다른 하나는 적응되면 더 이상 만족을 주기 어렵다는 점이다. 최신형 스마트폰을 사면 처음에는 만족스럽지만, 시간이 지나 적응되면 더 이상 만족하기 어려운 것도 같은 이유다. 최고의 보상은 내 안에 있다.

보상은 내 안에 있다

무더운 여름날 공사장에서 벽돌공 3명이 일하고 있었다. 지나가던 사람이 그들에게 차례로 물었다. "지금 무엇을 하고 계세요?"

첫 번째 벽돌공이 대답했다. "보면 모르세요? 벽돌을 쌓고 있잖아요."

두 번째 벽돌공도 답했다. "돈을 벌고 있습니다. 그래야 먹고 살지요."

마지막 벽돌공은 이렇게 말했다. "나는 지금 아름다운 교회를 짓고 있습니다."

세 사람은 같은 일을 했지만 마음가짐은 사뭇 달랐다.

예일대학 심리학자들은 이처럼 일하는 태도가 업무 성과에 어떤 영향을 주는지 분석했다. 사람들을 업무 태도에 따라 세 그룹으로 나눌 수 있다. 노동, 경력, 사명 그룹이다. 노동 그룹은 일을 경제적 수단으로만 여겼다. 경력 그룹은 성공에 대한 개인적 목표를 갖고 일했다. 마지막으로 사명 그룹은 일에 의미를 부여하고 일의 과정에서 보람을 느꼈다. 외적 보상보다는 내적 보상으로 움직였다. 마지막 벽돌공이 바로 사명 그룹에 해당된다. 연구 결과, 사명 그룹은 다른 그룹에 비해 뛰어난 성과를 보이는 것으로 나타났다.[34]

마찬가지로 잡 크래프팅job crafting이라는 개념이 있다. 공예품을 만드는 것처럼 자신에게 주어진 일을 스스로 변화시켜 더욱 의미 있게 만드는 활동이다. NASA(미국항공우주국)와 디즈니랜드는 이 개념을 조직 문화에 접목시켰다. NASA의 어느 경비 직원에게 "당신은 어떤 일을 하느냐?"고 물어보면 이렇게 대답한다. "달나라로 가는 꿈을 실현하는 사람들의 안전을 책임집니다."

디즈니랜드의 청소 직원은 자신의 역할을 "퍼레이드 연출에 필요한 무대를 만든다"고 정의한다. 그들은 일상 업무에 긍정 의미를 부여함으로써 자신의 일을 더욱 가치 있게 만든다.

사람을 움직이는 동기는 외적 동기와 내적 동기로 구분된다. 외적 동기는 칭찬, 인정, 물질적인 보상과 같이 외부로부터 주어진다. 내적 동기는 흥미, 의미, 만족, 도전 등으로 내부에서 나온다. 앞에서 살펴본 사명 그룹과 잡 크래프팅은 내적 동기에 해당된다.

습관들이기에서도 내적 동기가 중요하다.

심리학자 마크 무레이븐Mark Muraven은 연구 참여자들에게 악력기를 주먹에 쥐고 최대한 오래 버틸 것을 요청했다. 참여자들의 힘과 의지력을 소진시키기 위한 과제였다. 연구자는 악력기 과제를 마친 참여자들에게 맛있는 쿠키를 주고 "5분 동안 나갔다 올 테니 쿠키를 가급적 먹지 않았으면 좋겠다"고 말했다. 5분 후 확인해보니, 82명 가운데 79명이 쿠키를 먹지 않았다.

연구자는 참여자들에게 유혹을 참은 이유를 물었다. 답변은 '실험자에게 인정받고 싶어서' 등의 외적 동기와 '도전하는 것이 즐거워서' 등의 내적 동기로 구분되었다. 질문 후 다시 악력기 과제를 수행했다. 결과는 흥미로웠다. 내적 동기를 가진 참여자는 외적 동기를 가진 사람보다 더 오래 버텼다. 내적 동기가 외적 동기에 비해 의지력을 덜 고갈시킨 것이다. 이런 현상은 다이어트, 금연, 금주 연구에서도 동일하게 나타났다.[35] 내적 동기가 최고의 보상이다.

'왜' 하는지를 생각한다

기업 혁신 전문가 사이먼 사이넥Simon Sinek은 어려움 속에서 성과를 내는 리더와 단체를 연구하면서 일종의 패턴을 발견했다. 사이먼 사이넥은 이를 '골든 서클'golden circle이라는 개념으로 설명한다. 그의 테드TED 강연 영상은 3,000만 명 이상 조회했을 정도로 인기를 끌었다. 골든 서클은 3개의 원으로 구성된다. 가장 안쪽 원은 '왜'why다. 나는 왜 이 행동을 하는지, 이 행동은 내게 어떤 의미가 있는지를 생각하는 과정이다. 나머지 두 원은 '어떻게'how와 '무엇'what이다. 골든 서클에서는 '무엇'과 '어떻게'보다 '왜 하는지'가 중요하다.

무엇과 어떻게만 잘해도 습관을 들이기에 충분한데 군이 또 왜를 생각했을까?

습관을 만드는 과정은 100m 달리기보다는 마라톤에 가깝다. 중간에 지칠 때마다 '나는 왜 이 습관을 들이는가?' 하고 스스로 질문하면 습관들이기 도전이 더욱 의미 있게 다가올 것이다.

나는 박사학위 논문을 쓰면서 당뇨병 명의로 알려진 김광원 교수를 만난 적이 있다. 당시 그는 65세의 나이에도 불구하고 매주 일요일마다 테니스를 3시간 넘게 친다고 했다.

나는 감탄했다. "교수님, 건강관리를 위해 꾸준히 운동하시는군요."

그의 대답은 뜻밖이어서 거듭 놀랐다. "환자를 위해서 체력 비축을 합니다. 일요일 오후부터는 월요일 진료를 위해 준비해야 하고, 몸이 약하다면 운동을 해야 합니다."

뒤통수를 얻어맞은 느낌이었다. 단순히 건강을 위해 운동을 할 것이라고 생각했던 나와는 차원이 다른 경지였다.

집에 오면서 자문했다. '나는 왜 이 습관을 들일까?' 문득 '왜'라는 질문을 연속으로 5번 던지는 5why 기법이 떠올랐다. 5why 기법은 주로 문제의 원인을 파악하는 데 사용되지만, 행동의 목적을 찾는 데도 유용한 방법이다. 그래서 만보 걷기에 적용해보았다.

1 Why	나는 왜 만보를 걷는가? ⇨ 건강을 위해서 걷는다.
2 Why	왜 건강을 챙기는가? ⇨ 일을 잘 하기 위해서 건강을 챙긴다.
3 Why	왜 일을 잘해야 하는가? ⇨ 일을 잘해야 사람들이 성장하는 데 도움을 준다.
4 Why	왜 사람들의 성장에 도움을 주어야 하는가? ⇨ 사람들이 성장하면 모두가 행복해진다.
5 Why	왜 모두가 행복해지는가? ⇨ 성장하는 사람들은 물론 그들에게 더 좋은 서비스를 받는 사람과 사회, 사람들의 성장을 도운 나 자신도 행복해진다.

다섯 번의 질문이 끝나자 만보걷기가 전과 달라 보였다. 그 후 걷기 귀찮은 날이면 '왜'라는 질문을 떠올리며 각오를 다진다. 글쓰기 습관에도 이 질문을 해봤더니, 단지 '책을 출간하기 위해서'라는 목표에서 '유익한 책으로 독자에게 도움을 주기 위해서'라는 목표로 의미가 달라졌다. 습관들이기에 '왜'라는 질문을 더하니 자연스럽게 동기부여가 되었다. 질문으로 발견한 의미와 가치는 돈으로 살 수 없는 소중한 보상이다. 왜 하는지를 생각하면 이전에 보지 못한 최고의 보상을 찾을 수 있다. 자문해보자.

왜 이 책을 읽고, 좋은 습관을 들이려고 하는가?

Today
오늘부터 시작한다

○

기회의 문은 잠시만 열린다

기존 습관이 중단되고, 새로운 습관을 들일 수 있는 '기회의 문'이 열린다는 '습관중단가설'이 있다. 이사, 취직, 전직 등의 큰 변화는 기존 습관을 중단하는 계기로 작용한다는 것이다. 변화의 시기에는 누구나 새로운 생각이나 정보에 개방적이어서 변화 가능성이 높다는 주장이다.

영국의 심리학자 버플랑켄Verplanken과 로이Roy는 습관중단 가설을 실제로 확인하고 싶었다.[36] 연구에는 영국 피터버러 지역의 성인 800명이 참여했다. 그중 400명은 6개월 내에 이사한 사람들이고, 나머지 400명은 그 전부터 살던 주민들이다. 이들은 8주 동안 새로운 습관을 실천하기로 했다. 물을 절약하기 위해 10분 안에 샤워하기, 쓰레기를 줄이기 위해 쇼핑백 재사용하기, 대기오염을 줄이기 위해 가까운 거리를 걷거나 자전거 타기 등 환경 친화적인 습관이었다. 8주 동안 실천한 후 결과를 보니 최근에 이사한 사람일수록 새로운 습관을 자주 실천했다. 특히 3개월 이내에 이사한 사람들의 변화가 눈에 띄었다. 습관을 바꾸는 기회의 문은 잠시만 열린다. 기회의 문이 열리는 기간은 보통 3개월 정도로 본다.

미국 텍사스의 한 대학에서는 편입생들의 습관 변화를 연구했다.[37] 편입생들은 다른 대학을 다니다가 옮겨왔으므로 이전과 다른 환경에 적응하고 있었다. 이때 운동하기, TV 보기, 신문 읽기 등의 습관에 어떤 변화가 있는지 분석했다. 환경 변화는 편입생의 습관을 요동치게 했다. 이전 대학에서 열심히 운동을 하던 학생들은 환경이 바뀌자 운동 횟수가 급격히 줄었다. 낯선 환경 때문에 운동하고 싶다는 자극을 받지 못했거나 새로운 동네가 조깅하기에 적합하지 않은 환경이어서 운동 횟수가 줄었을 수 있다. 반대로 이전보다 운동 횟수를 늘린 학생들도 있었다. 이렇게 환경이 바뀌면 습관의 구조가 흔들린다.

기회를 적극 활용한다

기회의 문은 주로 삶에서 큰 변화를 겪는 시기에 열린다. 이사, 입학과 졸업, 취업과 전직, 임신과 출산, 장기 출장 등이 해당된다.

이사했던 경험을 떠올려보자. 처음에는 아침에 일어나면 여기가 우리 집인가 하는 생각이 들 정도로 어색하다. 변화의 시기에는 기존 습관을 일으키는 신호에 적게 노출되어 기존 습관이 약해진다. 반면에 기존 습관이 흔들릴 때, 새로운 습관을 만들 수 있는 기회의 문이 열린다. 변화는 위기이자 기회다.

코로나 상황이 예상보다 길어지면서 많은 사람들이 어려움을 겪고 있다. 코로나는 우리의 생활방식에 큰 영향을 주었고, 기존 습관을 흔들어 놓았다. 큰맘 먹고 시작했거나 잘해오던 습관이 중단되었을 수 있다. 코로나는 빨리 극복되어야 할 위기지만, 이럴 때일수록 마음을 다잡고 자신을 재정비한다면 좋은 습관을 만드는 기회로 바꿀 수 있다.

신입사원들에게 이런 변화의 기회를 알려주었다. 신입사원들은 여러 변화를 동시에 겪는다. 대학을 졸업하고 새로운 직장에 취직했으며, 이사하는 경우도 많다. 한 가지 변화만 있어도 적응이 어려운데, 여러 가지 변화를 동시에 만나는 신입사원 시절은 인생에서 손꼽히는 변화기다. 힘든 시기지만 동시에 새로운 습관을 만들 수 있는 절호의 기회다.

나는 신입사원들에게 원해빗을 강의하고, 희망하는 사람에 한해 새로운 습관을 실천하게 했다. 효과는 기대 이상이었다. 기존에 하지 않던 습관을 실천하기 시작했다. 수십 명의 신입사원들이 감사 일기, 하루 10분 독서, 스트레칭, 윗몸 일으키기, 가계부 쓰기, 자신에게 피드백 하기 등 각자 1개의 습관을 정해서 꾸준히 실천하고 있다.

나아가 변화 시기를 안다면 변화를 미리 준비할 수 있다. 다음 달에 이사를 한다고 가정해보자. 이사하면서 즉석식품 섭취를 줄이고 싶다면 이런 방법을 적용할 수 있다.

첫 번째는 이사하면서 즉석식품을 버린다. 가장 확실한 방법이다. 견물생심이라고, 보면 먹고 싶은 유혹에 빠진다. 신호를 차단하면 습관이 약해지므로 먹지 않으려면 보지 않는 방법이 상책이다. 아무래도 버릴 수 없다면 두 번째 방법이 있다. 즉석식품을 숨긴다. 잘 안 보이는 곳이나 꺼내기 어려운 곳에 보관함으로써 유혹을 줄이는 원리다. 물건의 위치만 바꾸는 작은 실천도 습관을 바꾸는 데 효과적이다.

'지금 당장'이 가장 좋은 기회다

특별한 변화 기회가 없다고 아쉬워할 것은 없다. 기회는 스스로 만들면 된다. 새롭게 시작하는 1월 1일도 생각해보면 12월 31일의 다음날일 뿐이다. 다른 날과 똑같은 하루지만 새해라는 의미를 부여했기에 특별한 날로 인식된다. 습관에도 이렇게 특정한 날을 정하면 어떨까? 그러나 가장 좋은 방법은 오늘부터 당장 시작하는 것이다.

"오늘까지만 야식을 먹고, 내일부터는 정말로 다이어트를 시작해야지."

이 말에서 가장 중요한 단어는 '오늘'이다. 다이어트를 하겠다는 각오보다 야식을 먹겠다는 의지가 강한 표현이다. 다른 습관들도 마찬가지다. 내일부터 금연할 거니까 오늘 마지막으로 한 대 피워야지 하는 계획도 다를 게 없다. 내일의 습관은 오늘의 야식과 흡연을 위한 핑계일 뿐이다. 정말 새로운 습관을 원한다면 지금 당장 시작해야 한다.

나는 습관을 들이고 싶을 때, 나 자신과 계약한다. 계약서에 서명하는 대신 자신과 심리적 계약을 한다. 먼저, 애플리케이션에 새로운 습관을 바로 입력한다. 입력하면서 자신에게 이 습관을 오늘부터 시작하겠다고 약속한다. 작은 기념품으로 결의를 다지는 것도 좋은 방법이다. 글 쓰는 습관을 만들 때는 예쁜 노트를 샀고, 걷기운동할 때는 운동화를 샀다. 애플리케이션에 입력하거나 기념품을 통해 평범한 오늘을 '새로운 습관을 시작하는 특별한 날'로 만든 것이다. 오늘에 의미를 부여할 수 있다면 어떤 방법이든 좋다.

누군가와 다퉈서 화가 많이 났지만, 자고 나면 화가 풀리는 경우가 있다. 하룻밤 사이에 마음이 풀렸기 때문이다. 습관도 마찬가지다. 하루가 지나면 열정이 식는다. 실천 확률을 높이려면 습관을 만들려는 열정이 가득한 오늘부터 시작하자. 쇠는 달궈졌을 때 두드려야 한다.

○ **ONE HABIT, 8가지 핵심 전략**

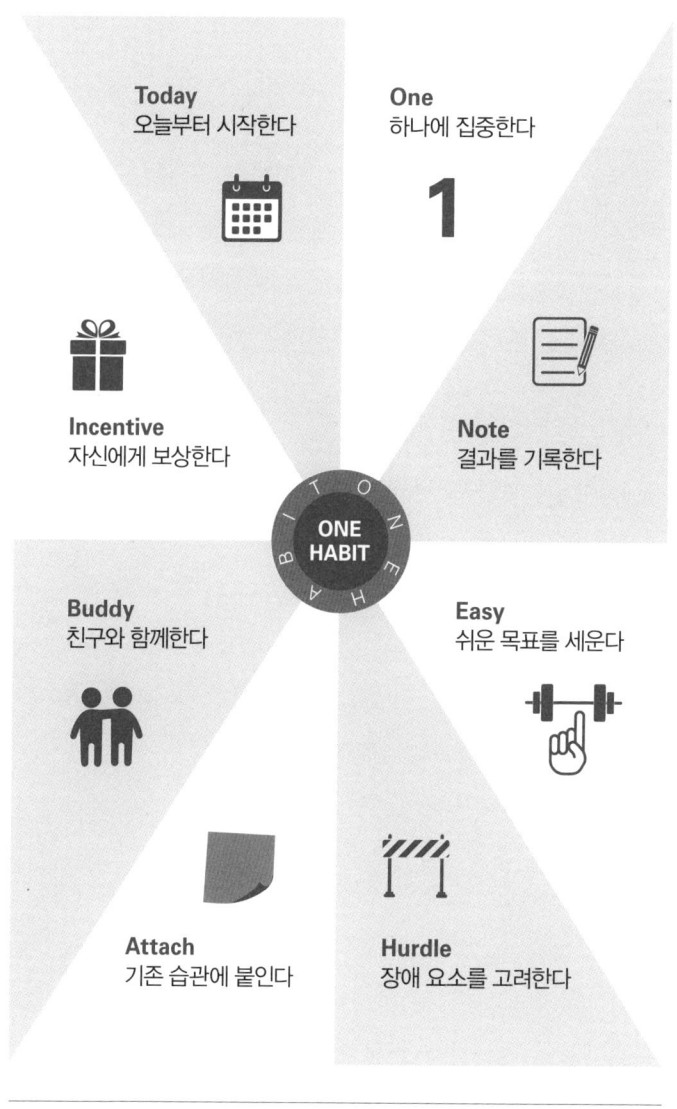

Today
오늘부터 시작한다

One
하나에 집중한다

Incentive
자신에게 보상한다

Note
결과를 기록한다

ONE HABIT

Buddy
친구와 함께한다

Easy
쉬운 목표를 세운다

Attach
기존 습관에 붙인다

Hurdle
장애 요소를 고려한다

습관 형성을 위한
나만의 전략

변화 문턱
조절하기

○

변화의 문턱을 낮추거나 높인다

어린 시절, 방학이 되면 할머니 댁에 가서 신나게 놀았다. 한 가지 불편한 것은 한옥의 높은 문턱이었다. 낮은 문턱에 익숙했던 나는 걸려 넘어지기 일쑤였다.

문턱에는 "어떤 일이 시작되거나 이루어지려는 무렵"이라는 뜻도 있다. 그래서 새롭게 시작할 때 "문턱을 넘었다"고 한다. 문턱이 높으면 접근하기 어렵다. 그래서 습관을 들일 때도 문턱을 낮추면 좋다.

심리학자 숀 아처Shawn Achor는 《행복의 특권》이라는 책에서 흥미로운 일화를 소개한다.[38]

그는 매일 기타 치는 습관을 들이기로 했다. 그런데 시작한 지 4일 만에 포기했다. 심리학자도 작심삼일을 피하지 못한 것이다. 그는 자신이 끈기 있는 사람이 아니라고 인정해야 하는 상황에 가슴이 아팠다.

그는 실패 원인을 곰곰이 생각했다. 기타를 옷장 속에 넣어 두었는데, 옷장에서 기타를 꺼내 준비하는 데 20초쯤 걸렸다. 이때 머릿속을 스치는 생각이 있었다.

'20초라는 시간을 줄인다면 기타를 더 자주 치게 되지 않을까?'

그는 기타를 침대 옆에 놓았다. 손만 뻗으면 언제든지 칠 수 있었다. 간단한 행동은 놀라운 결과를 불러왔다. 4일 만에 포기했던 그가 3주 동안 매일 기타를 치게 되었다.

숀 아처는 '활성화 에너지'activation energy로 이 상황을 설명한다. 활성화 에너지는 과학 용어로 "반응을 일으키는 데 필요한 최소한의 에너지"를 뜻한다. 기타를 옷장 속에서 침대 옆으로 옮기자, 기타를 가져오는 데 필요한 활성화 에너지가 줄었다. 다시 말해, 기타 치는 행동을 가로막는 문턱이 낮아졌고, 기타 치기가 전보다 쉬워진 것이다.

활성화 에너지는 변화 문턱이다. 다음 그림과 같이 담 너머로 무거운 공을 던지려는 사람에게 문턱 높이를 조절하면

성공 확률을 높일 수 있다. 이 변화 문턱을 습관에 적용하는 방법은 간단하다. 만들고 싶은 습관에는 문턱을 낮추고, 고치고 싶은 습관에는 문턱을 높이면 된다.

좋은 습관을 들이는 문턱 낮추기

내가 아는 사장님은 독서광이다. 비결은 손이 닿는 곳에 읽고 싶은 책을 두는 것이다. 사무실 책상과 회의 탁자 위는 물론, 집에 가도 침대 옆에 한 권, 거실에 한 권, 심지어는 화장실에도 한 권을 두고 읽는다. 언제 어디서나 손만 뻗으면 닿는 곳에 책을 두어 활성화 에너지를 낮춘 것이다.

나는 감사 일기를 매일 쓰고 싶었다. 감사 일기는 긍정 정서를 고취시킨다. 좋은 것은 알겠는데, 실천이 문제였다. 다이어리에 몇 번 쓰다가 포기했다. 얼마 후에 알게 된 활성화 에너지 개념을 감사 일기에 적용해보았다. 변화 문턱 관점에서 보면 내 방법에는 문제가 있었다.

평소 다이어리를 휴대하지 않고 다니다 보니 순간순간 떠오른 감사한 일을 제때 적지 못했다. 저녁에 쓰려고 하면 기억나지 않을 때도 있었다. 다이어리를 갖고 다닐까 했지만 들고 다니기 귀찮았다. 고심 끝에 내린 결론은 늘 휴대하는 스마트폰을 활용하는 방법이었다.

일기장 애플리케이션을 골라서 설치했다. 다이어리에서 스마트폰으로 바꾸면서 일기 쓰기의 문턱이 크게 낮아졌다. 문턱을 낮추기 위해 한 번 더 생각했다. 스마트폰을 손으로 쥐었을 때, 엄지손가락이 닿는 메인 화면 위치에 애플리케이션을 놓았다. 가장 접하기 편한 위치에 놓아야 습관을 들이기 쉬워지기 때문이다.

변화 문턱을 낮춘 작은 행동은 놀라운 결과를 만들어냈다. 초등학교 이후로 일기를 쓴 적이 없던 내가 감사 일기를 하루도 거르지 않고 8년째 쓰게 된 것이다. 그런 나더러 의지력이 강하다고 칭찬하는 사람도 있지만 실은 그렇지 않다. 정말 의지력이 강했다면 애플리케이션이 아니라 다이어리에 감사 일기를 쓰는 데 성공했을 것이다. 나의 성공 비결은 의지력이 아니라 문턱 낮추기였다.

작은 성공으로 자신감을 얻은 나는 업무에도 문턱 낮추기를 적용했다. 교육 부서이다 보니 책이 많았다. 다른 직원들도 책을 많이 읽었으면 좋겠다는 바람으로 직원 대상 자율 대출을 시작했다. 몇 개월간 운영했지만 실적이 저조했다. 안타까웠다.

그러다가 이 상황을 변화 문턱 관점에서 다시 바라보았다.

○ **책장 하나 옮겼더니 도서 대출 실적 10배 상승!**

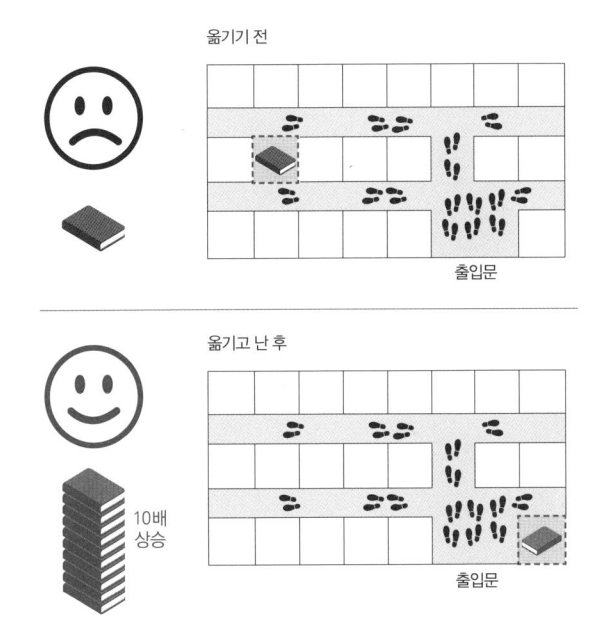

직원들이 넓은 사무실 안쪽에 있는 우리 부서까지 와서 책을 가져가는 것이 비효율적이었다. 가만 보니 직원들은 주로 사무실 출입문으로 지나다녔다. 그래서 책꽂이를 사무실 출입문 옆으로 옮겼다. 그랬더니 대출 횟수가 당장 10배 이상 늘었다. 도서 대출이 부진한 원인은 직원들이 아니라 높은 문턱에 있었다.

나쁜 습관을 버리는 문턱 높이기

영화 〈쇼퍼홀릭〉에서 주인공 레베카는 멋진 남자보다 쇼핑에 더 설렌다. 쇼핑으로 스트레스를 해소하던 그녀는 지나친 소비로 재정 위기에 빠진다. 레베카는 충동구매를 억제하기 위한 기발한 생각을 했다. 신용카드를 커다란 얼음 속에 넣어 얼려버린 것이다. 그런데 갑자기 쇼핑을 하고 싶어지자, 신용카드를 꺼내기 위해 얼음을 집어 던지고 헤어드라이어로 녹인다. 영화라서 과장되었지만, 이론상으로는 설득력 있는 내용이다. 레베카는 카드 사용 문턱을 높인 것이다. 나도 변화 문턱을 높여보았다.

출퇴근 시간에 즐겨 하던 스마트폰 게임을 끊고 싶었다. 할 때는 재미있지만 끝나면 허무했다. 시간을 허비한다는 생각도 들었다. 게임 끊기를 몇 번 시도해봤지만 생각보다 어려웠다. 그래서 게임으로 가는 문턱을 높였다. 방법은 간단하다. 게임을 하고 나면 스마트폰에서 게임을 삭제했다. 다음에 하려면 다시 설치해야 했다.

며칠 간 설치와 삭제를 반복하다 보니 귀찮았다. 게임을 설치하다가 취소한 적도 있었다. 게임을 설치하는 데 1분 정도 걸리는데 설치 도중 '게임하려고 이렇게까지 해야 하나'라는 생각이 들었다. 설치하는 동안 하지 말자는 마음이 생긴 것이다. 문턱을 높인 효과였다. 게임을 하는 횟수가 서서히 줄었고, 결국 스마트폰 게임을 자연스럽게 끊었다.

끊고 싶은 습관의 문턱을 높이다 보니 담을 쌓게 된 것이다. 어떤 행동을 하고 싶거나 멈추고 싶을 때, 변화 문턱은 유용한 도구가 될 수 있다. 당신은 변화 문턱을 어디에, 어떻게 활용하고 싶은가?

출퇴근 시간에 즐겨 하던
스마트폰 게임을 끊고 싶었다.
게임 끊기를 몇 번 시도해봤지만 생각보다 어려웠다.
그래서 게임으로 가는 문턱을 높였다.
방법은 간단하다.
게임을 하고 나면 스마트폰에서 게임을 삭제했다.
다음에 하려면 다시 설치해야 했다.

흰곰
생각하지 않기

○

사람 마음에는 청개구리가 산다

친구가 사춘기 아이와 대화하기 어렵다며 답답함을 호소했다. 내일이 시험인데 하루 종일 스마트폰 게임만 하고 있어서 게임을 그만했으면 좋겠다고 타일렀더니, 아이가 이런단다.

"지금 게임을 그만하려고 했는데, 아빠가 하지 말라고 하니까 더 하고 싶어요."

남 일 같지 않다. 나도 아이와 대화하는 것이 어렵다. 소통은 역지사지에서 시작된다. 생각해보면 나도 사춘기 때 비슷한 경험을 했다. 텔레비전을 보지 말라고 하면 더 보고 싶었다. 하지 말라고 하면, 더 하고 싶은 게 사람의 심리다.

그건 어른이라고 다를 게 없다. 청개구리는 여전히 마음속에 살고 있다. 야식을 먹지 않겠다고 다짐하면 갑자기 야식이 당긴다. 공부를 하려고 하면 게임이 더 생각난다.

심리학자 잭 브렘Jack Brehm은 이런 상황을 '심리적 반발' 이론으로 설명한다. 누구나 무의식중에 자신은 모든 것에서 자유롭다고 생각하는데, 자신의 자유가 위협받으면 저항하고 싶어진다. '심리적 반발'이다.

셰익스피어의 희곡 〈로미오와 줄리엣〉은 극적인 사례를 보여준다. 로미오와 줄리엣의 집안은 서로 원수사이다. 둘의 사랑은 양쪽 집안의 강한 반대에 부딪히지만 그들은 집안에 저항하며 사랑을 키워간다. 심리적 반발심이 더해져 그들의 사랑은 더욱 뜨거워진다.

습관에서도 비슷한 현상이 나타난다. 야식을 먹지 않겠다고 다짐하면, 마음 한편에는 야식 먹을 자유가 위협받는다는 생각이 모락모락 피어난다. 여기에 기분 나쁜 감정이 더해져 심리적 반발을 일으킨다. 습관 만들기는 심리적으로 흔쾌하게 받아들여져도 잘된다는 보장이 없는데, 심리적 반발이 생기면 더욱 어려워진다.

간단한 실험을 해보자. 지금부터 1분 동안 흰곰을 생각하지 않았으면 좋겠다. 절대 흰곰을 생각해서는 안 된다. 지금 시작해보자. (1분이 지난 후) 흰곰을 생각하지 않았는가? 아마도 흰곰이 생각났을 것이다. '흰곰 생각하지 않기'는 대표적인 생각 억제 방법으로 여러 연구에 활용되었다.

심리학자 대니얼 웨그너Daniel Wegner 연구팀은 이 방법을 활용하여 생각 억제를 연구했다. 연구팀은 참여자들을 두 그룹으로 나눈 후, 5분 동안 자유롭게 생각하게 했다. 그런데 A 그룹에는 5분 동안 흰곰을 생각하지 말라고 요청했다. 만약에 흰곰이 생각나면 참여자 앞에 있는 종을 울리라고 지시했다. 참여자들은 흰곰을 생각하지 않으려고 애썼으나 마음대로 되지 않았다. 흰곰을 생각하지 않으려고 할수록 흰곰이 자꾸 생각났고, 종소리는 계속 이어졌다. 반면, B그룹에는 흰곰을 생각해도 된다고 말했는데 흰곰을 A그룹보다 적게 생각했다.[39] 의도적으로 생각하지 않으려고 애쓰면 무의식적으로 억제하던 생각이 다시 떠오른다. 억제할수록 자꾸 떠오르는 청개구리 심리가 이 연구에서도 나타난 것이다.

한 연구에서 대학의 남자 화장실에 낙서를 금지하는 2종류의 문구를 붙이고, 낙서를 어느 정도 하는지 비교했다. 하나에는 '낙서 엄금'이라는 딱딱한 문구에 '대학보안부장'이라는 권위적인 서명을 적었다. 다른 하나에는 '낙서하지 마세요'라는 부드러운 문구에 '대학자치위원'이라는 친근한 서명을 적었다. 낙서는 어느 화장실에 많았을까?

역시 딱딱하고 권위적인 문구를 붙인 화장실에 낙서가 더 많았다.[40] 심리적 반발은 스프링과 비슷해서 강하게 누를수록 반발력이 커진다. 더 딱딱하고 권위적인 문구일수록 더 큰 심리적 반발을 일으킨다는 사실을 보여준다.

'하지 말 것'보다 '할 것'을 계획한다

하지 말라면 더 하고 싶은 것이 사람 마음이다. 사춘기에는 더욱 그렇다. 현대무용가 홍신자는 사춘기 딸에게 전하고 싶은 마음을《나도 너에게 자유를 주고 싶다》에 담았다.

그는 딸이 문신을 하고 싶다기에 다투는 대신 '그래 나도 한번 해보자'면서 함께 갔다. 좀 지나서 딸이 "그때 문신을 괜히 했다"고 후회하며 "왜 말리지 않았느냐"며 볼멘소리를 했다. 딸을 말렸어도 결국은 반발 심리로 문신을 했을 것이다. 그런데 말리기는커녕 한 술 더 떠서 함께하니까 금세 스스로 잘못되었다는 것을 깨달은 것이다.

심리학자들이 계획과 실천을 연구한 결과가 영국 일간지《데일리메일》에 소개되었다.[41] 심리학자 킴 스티븐슨Kim

Stephenson은 '~하지 말 것'보다 '~할 것'이라는 계획이 성취에 효과적이라고 말한다. 예를 들어 "너무 많이 먹지 말자"보다 "건강에 도움이 되는 음식을 먹자"라는 계획이 더 좋다는 것이다. 너무 많이 먹지 말자고 말하면 흰곰 실험과 같이 갑자기 음식 생각이 간절해진다. 음식을 생각하면서 과식의 유혹에 노출되고, 결국 과식으로 연결될 가능성이 높아진다. 긁어 부스럼을 만들 필요는 없다.

습관은 장구한 강의 흐름과 같다. 강물을 한순간에 멈추기는 어렵다. 강물을 대번에 막기보다는 다른 방향으로 돌리는 것이 현명하다. 오래된 습관을 없앨 때도 마찬가지다. 지속된 부정적인 에너지를 갑자기 막기보다는 긍정적인 에너지로 돌리는 것이 새로운 습관을 만드는 데 효과적이다.

나는 이 원리를 스마트폰 게임을 끊는 데 활용했다. 앞에서 언급한 게임을 삭제하는 방법과 함께 이 방법을 사용했다. 처음에는 '스마트폰 게임 하지 않기'로 목표를 세웠다. 그런데 '하지 말아야지' 할수록 게임 생각이 더욱 간절해졌다. 그런 씨름은 해보나마나 백전백패일 터였다. 씨름하느라 의지력을 소진하고 시간만 허비하고 말 것이 뻔했다.

그래서 목표를 바꿨다. '스마트폰 게임 하지 않기' 대신 '스마트폰으로 영상을 보거나 책 읽기'로 변경했다. 재미있고 유익한 영상은 많아서 쉽게 찾아볼 수 있다. 시간도 짤막해서 출퇴근 시간이나 자투리 시간에 짬짬이 볼 수 있고, 게임 생각이 나지 않을 정도로 흥미롭다. 유익한 정보도 많아 자기계발에도 도움이 된다. 게다가 게임으로 허비하던 시간에 책을 읽으니 기분이 좋아진다. 독서할 때는 스마트폰을 무음으로 해놓아 방해받지 않는 것이 좋다.

언젠가 지출이 늘어 걱정하는 후배가 도움을 요청했다. '용돈을 얼마 이상 쓰지 않기'로 목표를 세우고 사는데, 매번 실패한다는 것이다. 내가 경험한 대로 '하지 말 것'보다 '할 것'을 강조하는 것이 좋다는 사실을 알려주고 함께 고민한 끝에 '지출 잘 확인하기' 또는 '지출 내역 기록하기'로 계획을 변경할 것을 권했다. 지출을 확인하거나 기록하면 지출에 대한 경각심이 생겨 불필요한 소비를 줄일 수 있기 때문이다.

두 달쯤 지나 후배를 만났다. "형이랑 통화하고 나서, 지출에 신경 쓰게 됐어요. 아직 목표를 달성하지 못했지만 예전보다는 많이 줄었어요. 고마워요."

후배는 카드 애플리케이션을 활용해 지출 금액을 가끔씩 확인한다. 시작이 반이니까 그것만 해도 절반은 성공이다.

마음을 여는
열쇠

긍정 감정이 마음을 여는 열쇠다

"내 안에서 늑대 두 마리가 싸우고 있단다." 체로키 인디언 추장이 어린 손자에게 삶을 가르치고 있었다.

"한 마리는 사악하단다. 그것은 분노, 시기, 질투, 슬픔, 후회, 탐욕, 거만, 거짓, 자만이다. 다른 한 마리는 선량하단다. 바로 사랑, 즐거움, 평화, 친절, 겸손, 공감, 진실, 믿음, 인내다. 이 싸움은 네 안에서도 일어나고 있단다."

손자는 잠시 생각하다가 할아버지에게 물었다. "두 마리 중에 어떤 늑대가 이기나요?"

할아버지는 웃으면서 말했다. "네가 먹이를 많이 주는 늑

대가 이긴단다."[42]

우리가 하는 말에는 분노, 슬픔, 사랑, 즐거움 등 감정을 나타내는 단어가 많다. 먹이를 주듯 습관적으로 반복하는 감정이 이긴다. 이 이야기를 통해 나 자신을 돌아봤다. 나는 그동안 어떤 늑대에게 먹이를 많이 주었을까?

정신건강의학과 전문의 박용철은 《감정은 습관이다》에서 자신의 경험을 소개했다. 그는 환자를 상담하면서 예상치 못한 상황을 접했다. 불안하고 우울해서 병원을 찾은 사람들이 상담을 통해 걱정거리가 없어졌음에도 마음이 편치 않다고 말하는 것이었다. 사람들은 마치 불안과 우울을 원하는 것 같았다. 그는 감정을 이렇게 설명한다.

"뇌는 유쾌하고 행복한 감정이라고 해서 더 좋아하지 않는다. 유쾌한 감정이건 불쾌한 감정이건 가장 익숙한 감정을 선호한다. 불안하고 불쾌한 감정일지라도 익숙하다면, 뇌는 그것을 느낄 때 안심한다."[43]

감정은 습관에 영향을 준다. 운동 습관을 새롭게 만든다고 치자. 우리는 운동이 건강에 좋다는 사실을 알고 있다. 그런데 운동을 시작하기가 어렵다. 운동을 하면 좋지만 운동하러 나가기가 귀찮다. 그냥 싫은 것이다. 부정적인 감정은 운동하려는 마음을 잠그는 자물쇠와 같다. 흡연하는 친구에게

"건강을 생각해서 이제 금연하는 게 어때?" 하고 말했다. 좋은 뜻에서 말했지만 친구는 듣기 싫은 눈치였다. 집에서 듣는 잔소리를 친구도 하니까 듣기 좋을 리 없다. 아무리 좋은 말이라도 마음이 열리지 않으면 행동으로 연결될 수 없다.

반면에 내가 걷기운동을 처음 시작했을 때 기분이 좋았다. 저녁에 시원한 바람을 맞으며 걷는 기분은 샤워 후의 상쾌함 못지않았다. 그래서 다음날에도 그 상쾌함을 맛보기 위해 다시 걸었다. 걷기운동과 긍정적인 감정이 연결된 것이다. 긍정적인 감정은 마음을 여는 열쇠와 같다. 마음이 열리면 새로운 습관을 흔쾌히 받아들인다. 운동 자체가 재미있거나, 운동하기 위해 사람들을 만나는 것이 즐겁다면 습관으로 정착될 가능성이 높아진다.

감정은 양날의 검이다. 긍정적인 감정은 마음을 여는 열쇠지만, 부정적인 감정은 마음을 잠그는 자물쇠다. 감정을 잘 다루면 습관을 성공적으로 관리할 수 있다. 이를 위해서는 감정이 생기는 원리를 알아야 한다.

감정 조절 분야 전문가 제임스 그로스James Gross에 따르면 감정은 다음 4가지 과정을 통해 생성된다.[44]

첫째는 상황이다. 우리는 여유 있는 상황에 놓일 수도 있고, 때로는 긴급한 상황에 처할 수도 있다.

둘째는 관심이다. 어떤 상황을 맞았을 때, 우리가 그 상황에 관심을 가지면 평가로 연결된다.

셋째는 평가다. 현재 상황이 긴급한지 또는 여유로운지 판단하는 과정이다.

넷째는 반응이다. 지금까지 상황에 관심을 갖고 평가했다면, 이제는 표정과 행동으로 반응하는 과정이다. 웃거나 찡그리는 표정으로, 손을 흔들거나 팔짱을 끼는 행동으로 감정을 표현할 수 있다. 순간적으로 생기는 것 같은 감정도 알고 보면 다양한 과정의 산물이다. 따라서 감정의 생성 과정을 알고 있으면, 감정을 조절할 때 효과적으로 실행할 수 있다.

감정을 조절한다

첫 강의를 잊을 수 없다. 신입사원을 대상으로 하는 커뮤니케이션 강의였다. 나름 열심히 준비했는데도 몹시 긴장되었다. '잘할 수 있을까? 강의를 망치면 어떡하지?' 불안감이 몰려왔다. 발표 울렁증이었다. 가슴이 쿵쾅쿵쾅 뛰었다. 넓은 운동장에 알몸으로 서 있는 느낌이었다. 목소리가 떨릴 정도로 감정을 조절하기 어려웠다. 강의를 시작한 후 서서히 안정을 찾았지만 아쉬움이 남는 강의였다. 다음에 소개할 감정

조절 전략을 그때 알았다면 도움이 되었을 텐데…….

첫째, 감정을 재평가한다. 이전에 했던 감정 평가가 정확했는지 새로운 관점에서 다시 평가하는 전략이다. 자신의 생각을 점검하며 새로운 의미를 찾아보는 과정이다. 강의할 때마다 반복되는 '발표 울렁증'도 습관이다. 이제는 강의 직전 긴장될 때 나 자신에게 이렇게 말한다.

"이건 단지 한 번의 강의일 뿐이야. 내 가치를 측정하는 시험이 아니야. 나는 완벽하지 않기에 부족할 수도 있어. 앞으로 노력하면 점점 나아질 거야."

이렇게 말하며 '긴장'이라는 현재의 감정을 재평가하면서 긴장감을 줄이는 것이다. 감정 재평가는 감정 생성 과정 중 평가를 다루기 때문에 별다른 스트레스를 주지 않고 감정을 조절할 수 있는 방법이다.

둘째, 나만의 루틴을 만든다. 루틴은 규칙적으로 하는 일의 통상적인 순서와 방법이다. 발표 직전 긴장될 때, 심호흡과 스트레칭을 하면 긴장을 누그러뜨릴 수 있다. 두 손을 머리 위로 번쩍 들거나 다리를 넓게 벌리고 서 있으면 긴장이 누그러지고 자신감이 생긴다. 불안하거나 우울할 때, 좋아하는 음악을 듣거나 음료를 마시면 감정 조절에 도움이 된다.

평소 어떤 행동을 하면 기분이 좋아지는지 관찰하여 나만의 루틴을 찾는다. 루틴을 찾았다면 이제 습관에 적용해본다. 운동이나 다이어트를 하려고 할 때 부정적인 감정이 든다면 기분 좋은 루틴을 실행하면서 긍정적인 감정으로 바꿔본다. 마음이 열리면서 몸이 움직일 것이다.

셋째, 감정 반응을 억제한다. 카드 게임의 포커페이스가 대표적인 예다. 감정 반응을 억제하는 전략은 감정을 건드리지 않고 감정 반응만을 바꾼다. 이 방법은 감정 반응을 억제하는 과정에서 자신에게 거짓말을 한다는 죄책감을 느끼는 부작용이 나타날 수도 있다. 감정 반응을 억제한 후에는 스트레스가 커진다. 따라서 급할 때만 사용하고 남용해서는 안 되는 전략이다.

우리는 감정을 완벽하게 통제할 수 없지만 감정 조절 전략으로 어느 정도 이를 조절할 수 있다. 아무리 좋은 습관이라도 마음이 열리지 않으면 정착될 수 없다. 마음을 열고 닫는 것은 감정에 달려 있다. 특히 긍정적인 감정은 마음을 여는 열쇠다.

습관의 형성과
유혹

○

환경은 습관에 어떤 영향을 줄까

한 연구팀은 환경이 습관에 어떤 영향을 주는지 궁금했다. 사람들은 극장에서 영화를 볼 때 으레 팝콘을 많이 먹는다. 팝콘이 맛있어서 먹기도 하겠지만, 대개는 습관적으로 먹을 것이다. 만약 극장이 아닌 곳에서 영화를 본다면 팝콘을 그처럼 많이 먹을까?

연구팀은 참여자들을 두 그룹으로 나누고 각각 다른 장소에서 영화를 보게 했다. 역시 극장에서 영화를 본 A그룹은 팝콘을 많이 먹었다. 심지어 만든 지 오래된 팝콘도 잘 먹었다. 반면, 회의실에서 영화를 본 B그룹은 팝콘을 적게 먹었다.[45] 왜 이런 차이가 생겼을까?

극장은 영화를 보는 익숙한 환경이어서 팝콘 먹는 습관이 자연스럽게 실행되었지만, 회의실은 상대적으로 낯선 환경이어서 기존 습관이 멈칫거린 것이다.

나도 비슷한 경험을 했다. 걷기운동을 시작한 지 얼마 안 되었을 때, 일주일에 이틀씩 습관을 지키기 어려웠다. 출근하지 않는 주말이 그랬다. 평일에는 잘 지켜지던 걷기운동이 주말에는 망설여졌다. 습관을 유발하는 출퇴근 환경이 주말에는 작동하지 않기 때문이다. 그러다 월요일이 되면 아무 일 없다는 듯 습관은 다시 시작되었다.

영국 런던대학의 연구팀도 유사한 연구 결과를 발표했다. 연구팀은 체중 감량에 도전하는 성인들의 습관 형성 과정을 조사했다. 습관을 만드는 초기에는 노력이 필요했지만, 시간이 지나면서 습관 행동은 점점 자동으로 이루어졌다. 습관은 주로 평일에 형성되었고, 평일과 일정이 다른 주말이나 휴일에는 습관 형성이 멈췄다. 그리고 월요일이 되면 습관 형성이 다시 시작되었다.[46] 주말과 휴일에는 습관을 유지하기 어렵다. 이와 같이 환경은 습관 형성 과정에서 중요한 역할을 한다.

환경을 어렵게 생각할 필요는 없다. 환경은 사소한 것에

서 시작된다. 심리학자 아일릿 피시바흐Ayelet Fishbach는 식당 메뉴판의 구성이 음식 선택에 영향을 준다고 생각했다. 대학생들에게 메뉴판을 주고 음식을 선택하게 했다. 메뉴판에는 치킨 샐러드, 과일 등 건강에 좋은 음식과 초콜릿 무스, 베이컨 치즈버거 등 건강에 좋지 않지만 우리를 유혹하는 음식이 적혀 있었다.[47] 학생들은 두 그룹으로 나뉘었는데, 서로 다른 메뉴판이 주어졌다. A그룹에는 건강에 좋은 것과 좋지 않은 음식이 각각 다른 페이지에 구분되어 적혀 있는 메뉴판을 주었고, B그룹에는 두 종류의 음식이 섞여 있는 메뉴판을 주었다. 학생들은 어떤 선택을 했을까?

A그룹은 대부분 건강에 좋은 음식을 선택했다. 두 종류의 음식이 다른 페이지에 적혀 있는 메뉴판을 받은 학생들은 처

음에는 어떤 음식을 선택할 것인지 고민했지만, 구분된 메뉴판을 보고는 달고 기름진 음식의 유혹과 내면의 갈등을 알아챘다. 그리고 건강에 좋은 음식을 선택했다.

반면에 B그룹은 건강에 좋지 않은 음식을 선택했다. 섞여있는 메뉴판을 보고 유혹과 갈등을 느끼지 못한 것이다. 이렇게 갈등을 인식하지 못한 결과, 자신을 유혹하는 건강에 좋지 않은 음식을 선택하고 말았다. 메뉴판의 구성을 간단하게 바꾸기만 해도 유혹을 알아채고 대비할 수 있다. 환경 변화를 활용하면 원하는 습관을 만드는 데 도움이 된다.

오늘까지만 먹고 내일부터 다이어트 해야지, 오늘까지 쉬고 내일부터 운동해야지. 습관 형성기에는 어김없이 이런 유혹이 찾아오고, 우리는 유혹 앞에 쉽게 무릎을 꿇는다. 눈앞의 유혹이 나중의 목표보다 더 끌리기 때문이다. 유혹을 극복할 수 있다면 습관 만들기가 한결 쉬울 것이다. 어떤 방법이 있을까?

2가지 방법이 있다. 첫째는 유혹을 이기는 것이고, 둘째는 유혹을 피하는 것이다. 유혹을 멋지게 물리치고 싶지만 우리는 유혹에 약하다. 유혹을 피하는 것이 비겁해 보일 수도 있지만 보다 현실적인 전략이다. 피하는 것도 엄연히 하나의 전략이다. 《손자병법》을 비롯한 중국 고대의 여러 병법서에서 36가지 전략을 추려 구성한《삼십육계》에 나오는 마지막 36계가 주위상책走爲上策이다. 도망가는 것이 상책이란 뜻이다.

유혹을 피하는 법

그리스 신화에는 아름답지만 무서운 바다 요정 세이렌 자매가 등장한다. 자매는 배를 타고 지나가는 선원들을 향해 노래를 불렀다. 신비로운 노래에 홀린 선원들은 바다로 뛰어들어 목숨을 잃었다.

트로이 전쟁에서 승리한 오디세우스는 고향으로 돌아오는 길에 풍랑을 만나 어느 섬에 도착한다. 그곳에서 만난 마녀 키르케가 세이렌의 유혹을 피하는 방법을 알려주었다. 오디세우스는 키르케가 알려준 대로 배가 세이렌이 사는 섬을 지나기 전에 선원들의 귀를 밀랍으로 막았다. 그리고 자신의 몸을 밧줄로 돛대에 묶게 했다. 이윽고 세이렌 자매가 달콤한 노래를 불렀으나 선원들에게는 전혀 들리지 않았다. 유혹에 빠진 오디세우스는 밧줄을 풀어달라고 소리쳤지만, 아무도 듣지 못해 유혹을 피해 무사히 돌아올 수 있었다. 유혹은 습관 형성을 방해하므로 조심해야 한다.

다음은 환경을 조금만 바꾸면 유혹을 피할 수 있는 3가지 방법이다.

첫째, 사전 조치 전략이다. 오디세우스가 자신을 밧줄로 묶어 세이렌의 유혹을 피했듯이 유혹을 피할 장치를 사전에 준비하는 것이다.

나는 걷기운동을 나갈 때, 가끔 현금 1,000원만 갖고 나간다. 운동 후에 물이 아닌 다른 음료수를 사먹지 않기 위해서다. 대부분의 음료수에는 당분이 많아 운동으로 소비한 열량이 단번에 보충된다. 열심히 운동했는데, 그 효과가 반감되는 것이다. 1,000원만 갖고 가면 다른 음료를 마시고 싶어도 살 수가 없어서 결국 물만 마신다. 여러 번 해봤는데 상당히 효과적인 방법이다.

다이어트를 한다면 살찌는 음식을 눈앞에서 치우는 방법이 현명하다. 실제로 초콜릿을 책상 위에 두는 것보다 안 보이는 곳에 두면 덜 먹게 된다. 실제로 초콜릿을 책상 위에 두었더니 하루 평균 9개를 먹고, 책상에서 떨어진 안 보이는 곳에 두었더니 3개만 먹었다는 실험 결과도 있다. 간단하게 책상 서랍에만 넣어두어도 이전보다 적게 먹었다.[48] 눈에 보이지 않으면 곧 잊히는 것과 같은 원리다.

둘째, 구분 전략이다. 앞에서 예로 든 두 종류의 메뉴판처럼 목표 달성에 도움이 되는 것과 도움이 되지 않는 유혹을 구분하는 방법이다. 한 연구에서 체중 감량을 희망하는 대학생들에게 당근과 초콜릿을 놓고 먹고 싶은 음식을 고르게 했다.[49] A그룹은 당근과 초콜릿을 각각 다른 그릇에 담아서 보여줬고, B그룹은 당근과 초콜릿을 같은 그릇에 담아서 보여줬다. 결과는 A그룹이 당근을 더 많이 골랐다. 유혹을 눈에 잘 띄게 구분만 해도 유혹을 피하는 데 도움이 된다.

냉장고에서 건강에 좋지 않은 음식을 버릴 수 없다면 구분해서 한곳에 모아두면 좋다. 구분을 해야 건강에 좋지 않은 음식의 유혹을 인식해서 먹는 것을 자제할 수 있다.

구분 전략을 다양한 방면에 적용할 수 있다. 예를 들어, 일을 할 때는 중요한 일과 덜 중요한 일을 구분해서 중요한 일부터 처리한다. 아이 방의 장난감과 책을 구분해서 정리하면 신나게 놀고, 집중해서 공부할 수 있는 환경이 조성된다.

셋째, 주의 분산 전략이다. 유혹에 집중된 생각을 다른 곳으로 돌리는 방법이다. 월터 미셸Walter Mischel 교수가 진행한 마시멜로 실험에서 아이들은 마시멜로를 받고 선생님이 올 때까지 먹지 않았다. 이 실험에서 아이들에게 장난감을 주었더니 잘 기다렸다.[50] 이렇게 유혹에서 벗어나 잠시 다른 생각을 하면 갈등이 줄어들어 더 오래 기다릴 수 있다. 주의 분산 전략의 효과는 의학적으로도 입증되었다. 기능적 자기공명 영상fMRI으로 분석해보니, 주의 분산 전략을 사용할 때 뇌의 편도체 활동이 감소되었다.[51]

　달콤한 간식이 유혹할 때 주의 분산 전략을 활용할 수 있다. 만일 초콜릿을 먹고 싶다면 다른 할 일을 찾는다. 식사 전에 간식을 먹고 싶다면 친구에게 전화를 하거나 음악을 듣는다. 주의 분산 전략은 흐르는 강물을 막지 않고 다른 곳으로 흐르게 하듯, 유혹의 에너지를 막지 않고 흘려보내는 전략이다.

나를 진정으로
아는 힘

○

과신과 낙관이 오류를 부른다

"계획은 30%만 달성해도 잘한 것이다."

피터 드러커의 말처럼 목표 달성은 호락호락하지 않다. 미국의 한 연구팀은 대학생들에게 학위 논문을 언제 마칠 수 있는지 최선의 경우와 최악의 경우로 나누어 예측해달라고 요청했다. 학생들은 평균 34일 걸릴 것이라고 대답했지만, 실제로는 2배 가까운 56일 만에 논문을 마쳤다. 최악의 경우로 정한 시간 안에도 논문을 끝마친 학생은 절반이 되지 않았고, 최선의 경우로 정한 시간 안에 마친 학생은 11%에 불과했다.[52] 학생들은 자신을 과대평가한 것이다.

나도 비슷한 경험을 했다. 신입사원 때 과장님이 문서 작업을 지시하면서 몇 시간 정도 걸리겠냐고 물어봤다. 2시간 안에 마치겠다고 장담한 후 작업을 시작했는데, 실제로는 4시간이 걸렸다. 예상치 못한 전화와 방문객 응대에 시간을 보냈고, 자료를 찾는 데도 오래 걸렸다.

이처럼 어떤 일을 계획할 때, 실제보다 과대평가 또는 과소평가하는 현상을 '계획 오류'planning fallacy라고 한다. 계획오류가 생기는 원인은 크게 2가지다.

첫째, 자신에 대한 과대평가 때문이다. 그 당시 보고서를 작성하면서 이런 생각을 했다. '보고서 내용이 간단한 것 같으니 1시간이면 충분하다. 혹시 시간이 더 걸릴지 모르니 2시간 안에 하겠다고 대답하자.' 사람은 자신을 실제보다 더 능력 있는 사람이라고 생각하는 경향이 있다.

둘째, 미래에 대한 막연한 낙관 때문이다. 사람들은 목표를 정하고 계획하는 과정에서 미래를 낙관적으로 생각한다. 지금의 열정이 지속될 것이고, 나중에는 자유 시간이 더 많아질 거라고 생각하지만, 실제로는 그렇지 않다. 우리는 지치거나 그냥 하고 싶지 않을 수 있으며, 예상치 못한 일이 생길 수도 있다. 미래는 낙관적으로만 흐르지 않는다.

메타인지를 활용한다

EBS에서 〈0.1%의 비밀〉이라는 프로그램을 방영했다. 프로그램에서는 모의고사 전국 석차가 0.1% 안에 들어가는 학생들과 평범한 학생들 사이에 어떤 차이가 있는지 탐색했다. 다양한 조사를 했는데, 0.1%에 속하는 학생들은 다른 학생들에 비해 IQ가 크게 높지 않았다. 부모의 경제력이나 학력도 평범한 학생들과 다르지 않았다. 도대체 어떤 차이가 있는 것일까?

연구자는 평범한 학생들과 0.1%의 학생들을 대상으로 실험을 했다. 학생들에게 학업 성취도와 기억력의 상관성을 알아보는 실험이라고 설명한 후, 서로 연관성이 없는 단어를 보여주었다. 변호사, 여행, 우산, 초인종 등 25개 단어를 한 개당 3초씩 보여주었다. 학생들은 하나라도 더 외우기 위해 집중했다. 연구자는 학생들에게 2가지 요청을 했다. 먼저 학생 자신이 기억하고 있다고 생각하는 단어 개수를 적어보라고 했다. 다음으로 실제 기억나는 단어를 적으라고 했다.

사실 이 실험은 기억력을 확인하기 위한 것이 아니다. 학생들의 예측과 실제 기억한 개수의 차이를 알아보는 실험이었다. 분석 결과, 0.1%의 학생들은 자신의 예측과 실제 기억한 개수가 거의 같았고, 평범한 학생들은 차이가 있었다. 흥미로운 것은 두 집단의 기억력에는 큰 차이가 없었다는 점이다. 자신이 아는 것과 모르는 것을 스스로 알고, 이를 객관적으로 판단할 수 있는 능력을 메타인지metacognition라고 한다. 0.1% 학생들은 평범한 학생들에 비해 메타인지 능력이 뛰어났다.

《손자병법》에서는 상대를 알고 자신을 알면 백 번 싸워도 위태롭지 않다고 했다. 습관을 효과적으로 관리하기 위해서는 습관뿐만 아니라 자신을 객관적으로 파악해야 한다. 자신을 객관적으로 평가할 수 있다면 계획 오류가 줄어들어 목표 달성에 한 걸음 더 다가설 수 있다. 자신을 객관적으로 평가하는 2가지 방법을 소개한다.

첫째, 자신의 과거를 회상한다. 학교 숙제를 마감일까지 제출하지 못한 경험이 많다면, 지금 눈앞에 있는 일도 늦게 처리할 가능성이 있으므로 대책을 세워야 한다. 앞에서 소개한 미국 대학의 연구팀이 대학생들에게 다른 과제를 주면서 "자신의 과거를 기억하여 계획을 세우라"고 요청했더니, 예측한 기간과 실제 소요 기간과의 차이가 이전보다 줄어들었다. 과거 경험을 회상하면 자신을 객관적으로 평가하고, 향후 대책을 마련하는 데 도움을 얻을 수 있다.

둘째, 의지력을 측정한다. 체중계로 몸무게를 측정하듯 도구를 활용해 의지력을 측정할 수 있다면, 자신의 습관 관리 능력을 파악하는 데 도움이 된다. 의지력의 대가 로이 바우마이스터Roy Baumeister 연구팀은 의지력을 측정하는 설문 도구를 만들었다. 대학생 351명이 이 설문 도구로 의지력을 측정했는데, 의지력 점수가 높은 학생들은 점수가 낮은 학생들에 비해 학업 성적, 적응력, 대인관계와 소통 기술이 상대적으로 뛰어났다.

의지력 측정 도구는 원래 36개 문항인데, 연구팀은 13개 문항으로 줄여서 검증했더니 신뢰도와 타당도가 높게 나타났다.[53] 이 설문으로 자신의 의지력을 측정해본다. 정확한 측정을 위해서는 솔직한 응답이 필요하다. 점수가 높으면 자신감을 갖고 습관을 만들면 되고, 예상보다 낮아도 속상해할 필요는 없다. 앞에서 살펴본 의지력 트레이닝을 통해 의지력을 향상시킬 수 있기 때문이다.

내 의지력은 어느 정도인가?

아래 항목이 자신을 전반적으로 잘 표현하고 있는지 체크해보자.

1 전혀 아니다	2 다소 아니다	3 보통이다	4 다소 그렇다	5 매우 그렇다

1	나는 유혹을 잘 참는다.	
2	나는 나쁜 습관을 깨뜨리는 것이 힘들지 않다.	
3	나는 게으르지 않다.	
4	나는 부적절한 말을 하지 않는다.	
5	나는 어떤 일이 재미있어도 나에게 부정적 영향을 준다면 하지 않는다.	
6	나는 자신에게 해로운 것을 거부한다.	
7	나는 자기 절제가 부족하지 않다.	
8	사람들은 나에게 강한 절제력을 가졌다고 말한다.	
9	즐겁고 재미있는 일은 내가 일하는 데 방해가 되지 않는다.	
10	나는 집중하는 것이 어렵지 않다.	
11	나는 장기적인 목표를 향해 효과적으로 일할 수 있다.	
12	나는 어떤 일이 잘못되었다는 것을 알면 그 일을 멈출 수 있다.	
13	나는 모든 대안들을 생각하고 행동한다.	
	합 계	

출처: Tangney, J. P., Baumeister, R. F., & Boone, A. L.(2004), "High self-control predicts good adjustment, less pathology, better grades, and interpersonal success," *Journal of Personality, 72*(2), 271-322.

※ 채점 방법: 각 문항 점수의 합계를 구한다.
• 50점 이상: 의지력이 강한 편임.   •30~49점: 의지력이 보통 수준임.
• 29점 이하: 의지력이 약한 편으로 의지력 트레이닝이 필요함.

새로운 습관들이기는 며칠이나 걸릴까

○

습관들이기는 마라톤 경주다

새로운 습관을 들이는 데 얼마나 시간이 걸릴까? 21일이라는 주장이 많다. 그런데 과학적 근거가 부족하다. 근거를 확인하지 않고 다른 주장을 그대로 인용한 결과다. 최근에는 66일이면 습관이 만들어진다는 주장이 소개되었다. 66일은 과학적 근거가 있다.

영국 런던대학에서 습관이 정착되는 시간을 측정하는 연구가 진행되었다.[54] 연구에 참가한 대학생들은 먼저 자신이 들이고 싶은 습관을 선택했다. 아침에 물 한잔 마시기, 아침에 10분 걷기, 윗몸일으키기 50개 하기, 점심에 과일 먹기, 저녁식사 전에 15분 달리기 등 매일 할 수 있는 습관을 선택했다. 그리고 습관 행동의 결과를 매일 기록했다. 연구 결과, 습관이 정착되는 데 걸린 기간은 18일에서 254일로 참가자마다 달랐다.

18일에서 254일까지 순서대로 나열했을 때, 중앙값은 66일이다. 그래서 66일을 주장한 것이다. 중앙값은 평균처럼 전체를 파악하는 데 도움을 주지만, 개인별 특성을 반영하지는 못한다. 이 연구에서도 습관을 만드는 데 66일 이상 걸린 사람들이 많았다. 따라서 새로운 습관을 만들 때, 66일의 기한을 정하지 않는 것이 좋다. 개인 특성과 상황에 따라 달라지는 습관 형성 기간을 미리 정할 경우, 그 기간이 지나도 습관이 만들어지지 않으면 자신감이 떨어질 수 있기 때문이다.

습관은 마치 비가 올 때까지 계속 지내는 기우제와 같다. 인디언 라코타족 가운데 호피 원주민들은 애리조나 사막에 살면서 농사를 지었다. 이곳은 연평균 강수량 250mm 이하로 농사를 짓기에 부적합한 곳이다. 따라서 원주민들은 삶 자체가 기우제라고 할 정도로 비를 간절히 원했다. 그런데 이들이 기우제를 지내면 반드시 비가 왔다. 비결은 간단하다. 비가 올 때까지 계속해서 기우제를 지낸 것이다. (호피 원주민의 기우제에 관한 이 이야기는 진실과 다르게 왜곡되어 전해진 부분이 있지만, 지금은 이렇게 관용으로 널리 쓰이고 있어 그대로 인용한다.) 습관도 마찬가지다. 기한을 두지 말고 습관이 정착될 때까지 계속하면 된다.

습관은 서서히 점진적으로 정착된다. 100m 달리기보다 마라톤에 가깝다. 마라톤을 완주하기 위해서는 기초 체력은 물론 전략도 중요하다. 경쟁 선수의 특성까지 고려해야 한다. 마라톤에서 강한 상대가 있듯이 습관에도 강한 습관이 있다. 어떤 습관이 강한 습관일까?

첫째, 자주 반복하는 습관이다. 가끔씩 하는 행동보다 매일 하는 행동이 강하다. 예를 들면, 커피를 마시는 행동은 강한 습관이다. 한국인은 1년 평균 커피 367잔을 마신다.[55] 매일 1잔씩 마실 정도로 커피를 마시는 행동은 많은 사람들의 습관이 되었다. 둘째, 오래된 습관이다. 최근에 생긴 습관보다 어려서부터 지속된 습관이 강하다. 새로운 습관을 만들 때, 기존 습관의 강도를 고려할 필요가 있다.

습관을 만들 때 기존 습관의 강도에 따라 어떤 차이가 있는지를 살펴보는 연구가 진행되었다. 연구 결과, 기존 습관이 약할 때는 새로운 습관이 의도한 대로 실천되었지만, 기존 습관이 강할 때는 마음먹은 대로 되지 않았다. 굴러온 돌이 깊게 박힌 돌을 빼내지 못하는 것이다. 의도만으로 강한 습관을 이기기는 쉽지 않다.

강한 습관이 쉽게 사라지지 않는다는 사실은 영화 〈다이 하드〉를 떠올리게 한다. 이 영화는 1988년부터 2013년까지 5편이 제작된 액션 스릴러 시리즈로 주인공 브루스 윌리스는 매번 죽을 고비를 넘기지만 절대로 죽지 않는다. 강한 습관도 없어질 것 같지만 쉽게 사라지지 않는다. 2015년에 오래된 습관은 쉽게 사라지지 않는다는 내용의 논문이 발표되었는데, 제목이 재미있게도 〈올드 해빗 다이 하드〉Old Habits Die Hard였다.

강한 습관을 바꾸기는 어렵다. 매일 지하철을 타는 행동이 습관이 되면 다른 교통수단에는 관심을 덜 갖는다. 그래서 다음날에도 별일 없으면 지하철을 탄다. 물건을 살 때도 비슷한 현상이 나타난다. 예를 들어, 편의점에서 생수를 살 때 어떤 생수를 구입할지 오래 고민하지 않는다. 평소에 사던 생수를 선택하기 때문이다. 특정 생수를 반복해서 구입하면, 구매 습관이 더욱 강해져서 다른 생수에는 크게 신경 쓰지 않는다. 어떤 행동이 자주 반복되면 습관이 되고, 습관이 지속되면 습관의 뿌리가 깊어진다. 그리고 뿌리 깊은 습관은 바람에 쉽게 흔들리지 않는다.

습관의 강도를 고려한다

강한 습관을 바꾸기 어렵다는 사실을 살펴보았다. 그런데한 가지 의문이 생긴다. 얼마나 자주 반복되고 오래되어야강한 습관인가? 이 질문의 해답을 고민한 사람들이 있었다.심리학자 버플랑켄Bas Verplanken과 오르벨Shein Orbell은 습관의강도를 중요하게 생각했다. 기존에도 습관의 강도를 습관의빈도로 측정하는 방법이 있었지만, 이들은 기존 방법에 만족하지 않고 새로운 방법인 SRHISelf-Report Habit Index(자기 보고식습관지수)를 개발했다.[56] 이 설문을 통해 중요한 정보 2가지를얻을 수 있다.

첫째, 새로운 습관의 정착 여부를 확인할 수 있다. 런던대학 연구에서 참여자들이 습관을 만드는 데 걸린 시간은 18일에서 254일로 다양했는데, 습관의 정착 여부를 습관지수 가운데 습관의 자동성을 측정하는 7개 문항으로 판단했다. 새로운 습관을 생각하면서 응답했을 때, 22점 이상이면 새로운 습관이 어느 정도 정착된 것이고, 33점 이상이면 습관이성공적으로 정착되었다고 볼 수 있다. 나는 글쓰기를 습관으로 만들고 싶었다. 시작한 지 3주 정도 지나서 설문을 해보니13점이었다. 좀 더 노력해야겠다고 생각했다. 습관을 만드는도중에 새로운 습관의 강도를 측정하면 습관 형성 정도를 점검할 수 있다.

습관을 만드는 과정은 초기가 중요하다. 런던대학의 연구 결과를 살펴보면, 습관의 자동성은 습관 초기에 가파르게 증가했다. 그러다가 30일 정도가 지나면 증가 속도가 서서히 줄어든다. 습관 정착을 위해서는 꾸준한 실천이 필요하지만, 초기에 집중하는 것이 효과적이다.

○ **처음 30일이 중요하다**

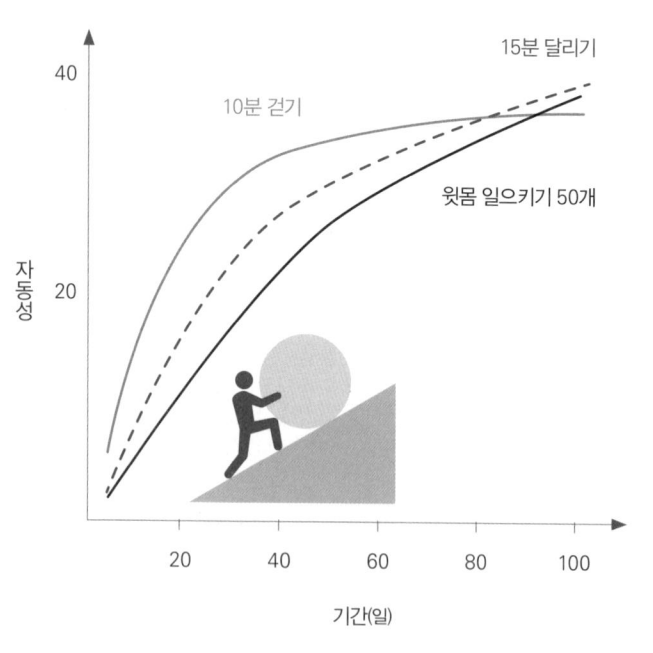

둘째, 바꾸려는 기존 습관의 강도를 측정할 수 있다. 나는 다리를 꼬는 습관을 바꾸고 싶었다. 의자에 앉으면 나도 모르게 다리를 꼬았다. 다리 꼬는 습관을 설문으로 측정해보니 32점이었다. 다리 꼬기는 강한 습관이었다. 그래서 런던대학의 연구 결과를 고려하여 다리 꼬는 습관을 고치는 데 두 달 이상 걸릴 수 있겠다고 생각했다. 습관을 변화시키려고 할 때, 습관의 강도를 고려하면 변화 기간을 어느 정도 예측할 수 있어 도움이 된다. 장거리인지, 단거리인지 예상하고 달리면 체력을 안배할 수 있는 것과 같은 이치다.

내 습관의 강도는 어떠한가?

[SRHI: Self-Report Habit Index]

들이거나 바꾸고 싶은 습관 가운데 한 가지 행동을 생각하면서 체크하시오.

1 전혀 아니다	2 다소 아니다	3 보통이다	4 다소 그렇다	5 매우 그렇다

1	나는 그 행동을 무의식적으로 한다.	
2	나는 의식적으로 기억하지 않고 그 행동을 한다.	
3	나는 생각하지 않고 그 행동을 한다.	
4	그 행동을 하지 않으려면 노력이 필요하다.	
5	나는 그 행동을 하고 나서야 그 행동을 했다는 사실을 깨닫는다.	
6	나는 그 행동을 안 하는 것이 힘들다는 것을 안다.	
7	나는 그 행동을 하는 것에 대해 생각할 필요가 없다.	

출처: Verplanken, B., & Orbell, S.(2003), "Reflections on past behavior: A self-report index of habit strength," *Journal of Applied Social Psychology*, 33(6), 1313-1330.

※채점 방법: 각 문항 점수의 합계를 구한다.

구 분	만들고 싶은 습관	바꾸고 싶은 습관
33점 이상	정착되었음.	매우 강하므로 각오를 새롭게 해야 함.
22~32점	잘 정착되고 있음.	비교적 강하므로 여유를 갖고 바꿔야 함.
21점 이하	조금 더 실천하면 됨.	비교적 약하므로 자신감을 갖고 바꾸면 됨.

습관 관리의
공격수와 수비수

○

공격과 수비 모두 필요하다

어려서부터 축구를 좋아했다. 초등학교 6학년 때 장래 희
망을 축구 선수라고 적었을 정도였다. 점심시간이 되면 밥
을 서둘러 먹고 운동장에서 친구들과 축구를 했다. 공을 따
라 몰려다니는 동네 축구였지만 우리 나름대로 공격수와 수
비수를 정했다. 그런데 "나도 공격 좀 한번 해보자"며 볼멘소
리를 하는 친구도 있었다. 축구에서 공격수와 수비수 역할은
명확히 구분된다. 공격수는 득점을 올리고 수비수는 실점을
막는 역할을 수행한다. 만일 경기가 0대0 무승부로 끝나면,
공격수는 무득점을 아쉬워하고, 수비수는 실점을 하지 않아

다행이라고 생각할지도 모른다.

공격수와 수비수는 우리 마음에도 있다. 심리학자 토리 히긴스Tory Higgins는 사람들이 쾌락을 추구하고 고통을 회피할 때, 2가지 시스템이 작동한다고 주장한다. 공격수 역할을 하는 향상 시스템과 수비수를 담당하는 예방 시스템이 바로 그것이다.[57] 향상 시스템에서 가장 중요한 것은 성취다. 공격수가 득점을 갈망하듯 향상 시스템도 긍정적인 결과를 추구한다. 긍정적인 결과를 위해서라면 위험을 감수할 정도로 변화에 개방적이다. 긍정적 결과에 민감해서 긍정적인 결과에 즐거움과 만족을 느끼지만, 그렇지 못하면 실망에 빠지고 만다. 언제라도 골을 넣겠다고 다짐하는 공격수처럼 희망을 갖고 성장하고자 노력한다.

반면에 예방 시스템의 핵심 가치는 안전이다. 수비수가 실점을 싫어하듯 예방 시스템도 부정적인 결과를 피하기 위해 애쓴다. 위험한 일 근처에는 가지 않을 정도로 변화를 싫어한다. 부정적인 결과에 민감하여 그것을 피하면 안도감을 느끼지만, 그렇지 못하면 초조해진다. 실점을 하지 말자고 다짐하는 수비수처럼 의무와 책임을 중요하게 여긴다.

향상 시스템과 예방 시스템은 공동 목표를 추구하기 위해 각자의 전략을 펼친다. 축구에서 모두가 승리를 위해 뛰지만, 공격수는 득점 전략을, 수비수는 무실점 전략을 실행하듯 말이다. 어떤 사람이 올해는 건강해져야지 하고 다짐한다면 2가지 시스템은 이렇게 작동한다. 먼저 향상 시스템은 성취를 중시하므로 건강에 도움이 되는 기회를 잡는 데 집중한다. 다음으로 예방 시스템은 안전에 초점을 맞추므로 건강에 해로울 수 있는 위기를 피하는 데 주안점을 둔다.

습관 관리에서 공격수와 수비수는 다른 특성을 보여주는데, 크게 3가지로 구분된다. 첫째, 습관을 시작하고 유지할 때 행동이 구별된다. 공격수는 과감하게 결단한다. 현재 상태를 변화시키는 것에서 동기부여가 된다. 이번에는 꼭 다이어트에 성공해야지 하고 결심한다면 다이어트는 성취해야 할 목표가 된다. 공격수는 추진력이 강해서 신속하게 정보를 찾고, 실행 계획을 세운다. 공격수는 변화에 개방적이므로 습관 형성 과정에서 스트레스를 많이 받지 않는다. 그런데 다이어트를 힘차게 시작한 공격수는 후반전에 들어서면 이전과 다른 모습을 보인다. 체력이 급격히 떨어지더니 결국 다이어트를 포기한다. 전반전에 혼신의 힘을 다한 공격수가 후반전에 근육 경련으로 쓰러지는 경우와 비슷하다. 공격수는 초반에 강하지만 뒷심이 약하다.

그에 반해 수비수는 목표에 대한 의무감을 갖는다. 목표는 꼭 달성해야 하는 대상이다. 그래서 다이어트를 시작할 때도 공격수보다 부담감을 많이 느낀다. 수비수는 고민하면서 출발하지만, 일단 시작하면 멈추지 않고 목표를 유지하는 데 몰입한다. 수비수는 초반에는 느리지만 뒷심이 좋다. 공격수와 수비수에게는 모두 장점이 있다. 시작은 공격수가 잘하지만, 유지는 수비수가 잘한다. 금연과 다이어트 연구에서도 공격수는 전반에 강했고, 수비수는 후반에 강했다.[58]

둘째, 유혹에 대처하는 방식이 다르다. 다이어트를 시작하면 유혹이 끊임없이 찾아온다. 호수처럼 잔잔하던 마음이 거친 파도에 흔들린다. 다이어트 도중 야식이 유혹할 때, 공격수는 자신이 세운 목표를 새삼 되새기면서 각오를 새롭게 한다. 반면에 수비수는 야식이 있는 자리를 피한다. 다이어트 목표를 방해하는 야식을 회피하는 전략이다. 수비수는 공격수보다 잘 버티므로 충동적으로 식사할 가능성이 낮다. 참는 것을 즐기는 수비수도 있을 정도로 유혹에 강하다.

셋째, 실패에 대처하는 방식이 다르다. 먼저 '실패'라는 개념을 다르게 인식한다. 공격수는 성취하지 못했을 때, 수비수는 현재 상태를 유지하지 못했을 때 실패라고 생각한다. 공격수는 실패를 반복하면 흥미를 잃고 몰입도가 낮아지지만, 수비수는 실패하면 오히려 몰입도가 높아진다. 그래서 실패에 대한 피드백을 하면, 공격수는 성과가 떨어지는 반면에 수비수는 성과가 향상된다.

실패한 후 시간이 지나면 공격수와 수비수 모두 마음을 추스르는데, 여기에서도 차이가 나타난다. 공격수는 성취에 대한 열정을 불러일으키기 위해 높은 자존감을 유지하지만, 수비수는 경계심을 유지하기 위해 낮은 자존감을 유지한다. 공격수와 수비수는 특성이 다르지만, 모두 자신의 특성을 활용하여 목표를 달성한다.

자신의 성향을 고려한다

지금까지 공격수와 수비수의 특성을 살펴보았다면, 이제는 자신의 성향이 공격수와 수비수 가운데 어느 쪽에 가까운지를 확인할 필요가 있다. 좋은 옷도 내 몸에 맞아야 태가 나듯, 습관 전략도 내 성향에 맞아야 효과적이다. 먼저, 실전 코칭의 설문을 통해 자신의 성향을 파악해보자.

당신의 성향을 파악했다면, 자신에게 적합한 전략을 수립해보자. 당신이 공격수라면 초반보다 후반에 신경을 써야 할 것이다. 힘차게 출발했지만 점점 지칠 수 있고, 마음먹은 대로 되지 않는 상황에 실망할 수도 있다. 이럴 때는 자신에 실망하기보다는 공격수는 뒷심이 약하다는 사실을 인정할 필요가 있다. 유혹에는 초심을 되새기며 각오를 새롭게 하고, 실패에 대해서는 기준을 조금 낮출 필요가 있다.

당신이 수비수라면 초반에 신경을 써야 한다. 초반에 느리다는 점을 인정하고, 시작할 때의 부담감을 줄일 필요가 있다. 가볍고, 쉬운 습관으로 천천히 시작해도 된다. 수비수는 일단 시작하기만 하면 뒷심이 강하기에 성공할 확률이 높다.

나는 공격수인가, 수비수인가?

다음 문항이 당신의 생각과 비슷하면 체크하시오.

번호	문항	체크(V)
1	나는 희망과 포부를 어떻게 이룰지를 자주 생각한다.	
2	나는 가끔 미래에 되고 싶은 이상적인 모습을 생각한다.	
3	나는 미래의 성공에 신경을 많이 쓰는 편이다.	
4	나는 어떻게 하면 목표를 달성할 수 있는지를 가끔 고민한다.	
5	나는 실패 예방보다 성공 성취를 더 추구한다.	
6	직장(학교) 생활의 목표는 높은 평가 결과를 받는 것이다.	
7	나는 꿈, 희망, 열망을 이루려는 성향이 강한 사람이다.	
8	나는 대체로 긍정적인 성과를 달성하는 것을 중시한다.	
9	나는 평소 희망하던 좋은 일이 나에게 실제로 발생하는 상황을 가끔 상상한다.	
10	나는 대체로 안 좋은 일을 예방하는 것에 신경을 쓴다.	
11	나는 책임과 의무를 다하지 못할지도 모른다고 걱정한다.	
12	나는 가끔 내가 나쁜 사람이 되면 어쩌나 하고 생각한다.	
13	나는 목표를 달성하지 못하면 어쩌나 하고 가끔 걱정하는 편이다.	
14	나는 평소에 염려하던 일이 나에게 벌어지는 상황을 가끔 상상한다.	

15	나는 무엇을 얻는 것보다 무엇을 잃지 않는 것이 더 중요하다.	
16	직장(학교) 생활의 목표는 평가 기준에 미달되지 않는 것이다.	
17	나는 의무, 책임, 책무를 다하려는 성향이 강하다.	
18	나는 실패를 예방할 방법에 대해 자주 생각하는 편이다.	

출처: Lockwood, P., Jordan, C. H., & Kunda, Z. (2002). Motivation by positive or negative role models: Regulatory focus determines who will best inspire us. *Journal of Personality and Social Psychology*, *83*(4), 854-864.

※ 채점 방법: 공격수(1~9번 문항)와 수비수(10~18번 문항) 가운데 더 많이 체크된 것이 자신의 성향이다. 문항 수가 같거나 하나 차이면 두 성향이 비슷한 것으로 볼 수 있다.

강점으로
승부한다

◯

나를 살리는 건 강점이다

골프 천재로 통하던 타이거 우즈에게도 약점이 있었다. 벙커 탈출이다. 보통 선수들은 자신의 약점을 보완하기 위해 연습한다. 그러나 타이거 우즈는 달랐다. 자신의 강점인 스윙과 롱 드라이브에 대부분의 시간을 할애했다. 스윙과 롱 드라이브가 더 좋아지면 벙커에 빠질 확률이 줄어든다고 생각했기 때문이다. 강점에 집중하자 성적이 향상되기 시작했다.

강점 강화는 좋은 방법인 것 같긴 한데, 왠지 약점도 보완해야 할 것 같은 생각이 든다. 강점 강화와 약점 보완 가운데 어느 것이 더 효과적일까?

리더십 전문가 존 맥스웰John Maxwell은 뛰어난 리더들이 지닌 특성을 분석했다. 특히 리더들이 시간을 어디에 사용하는지 살펴보았다. 분석 결과, 탁월한 리더들은 강점을 강화하는 데 시간의 70%를 투자했다. 그리고 새로운 것을 배우는 데 25%를 사용했다. 약점 보완에는 5%만을 할애했다. 탁월한 리더들도 타이거 우즈처럼 강점에 집중한 것이다.[59] 현대 경영학의 창시자 피터 드러커도 "강점 위에 자신을 구축하라"며 강점을 강화할 것을 강조했다.

나는 영어 회화를 잘 못한다. 읽기와 쓰기는 어느 정도 하겠는데, 말하기와 듣기는 자신이 없다. 영어 회화를 잘하는 후배들이 부러웠다. 그래서인지 매년 새해가 되면 '영어 회화 공부'로 목표를 세웠다. 그리고 2년 동안 전화 영어와 온라인 학습을 했다. 나름 열심히 공부했다. 2년 뒤에 어떻게 되었을까? 아주 조금 늘었다. 공부를 아예 하지 않은 것보다는 약간 나은 수준이었다. 약점을 보완하려고 2년을 투자한 것 치고는 아쉬운 결과였다.

그런데 다양한 책을 읽으면서 강점 강화가 효과적이라는 사실을 알게 되었다. 머리로는 알겠는데 마음은 편치 않았다. 강점에 집중하려고 하니 약점이 눈에 밟혔다. 약점을 가만히 놔두면 왠지 안 좋을 것 같았다. 그래서 영어 회화 공부를 계속했다. 약점을 보완한다고 강점이 되지는 않는다. 생각해보니 나보다 영어 회화를 잘하는 후배가 많다. 미국 유학을 다녀왔거나 영문학을 전공한 후배도 있다. 또한 내가 하는 일에는 영어 회화가 그리 필요하지 않다. 지금 생각하면 영어 회화 공부에 투자했던 2년이 조금 아깝기도 하다. 강점에 2년을 투자했다면 어땠을까?

강점을 키우는 작은 습관

우물 하나를 파야 한다면 물이 나올 만한 곳을 파야 한다. 아무 데나 판다고 물이 나오지 않는다. 강점에 집중해야 하는 이유다. 문제는 많은 사람들이 자신의 강점을 모른다는 사실이다.

"제게는 강점이 없어요. 잘하는 게 없거든요."

이렇게 말하는 사람들이 있다. 재미있게도 이분들이 강점 진단을 하면 '겸손'이 강점으로 나오는 경우가 있다. 겸손하기 때문에 자신을 낮춰보는 것이다.

강점을 확인하여 습관 전략에 적용하면 많은 도움이 된다. 이에 'VIA 강점 척도'Value in Action Inventory of Strength 라는 진단 도구를 소개한다. 심리학자 크리스토퍼 피터슨과 마틴 셀리그만이 개발하여 과학적으로 검증한 도구다. 문항이 많아 여기에서는 설문 일부를 소개한다. 정확한 진단을 원할 경우, VIA 홈페이지www.viacharacter.org에서 무료로 검사할 수 있다. 한국어가 지원되어 편리하다.[60]

약식 설문 뒤에는 24개의 강점을 강화시킬 수 있는 작은 습관을 정리했다. 작지만 효과적인 습관이므로 새로운 습관을 만들 때 참고하면 도움이 될 것이다. 예를 들어, 창의력이 강점일 경우, 사진 찍기나 시 쓰기를 습관으로 만들면 창의력이 더욱 향상될 것이다. 겸손이 강점이라면 가족, 친구, 동료 등 주변 사람에게 '하루에 한 번 칭찬하기'를 습관으로 만들면 관계가 더욱 돈독해질 것이다.

이제 자신의 강점을 찾아보고, 그 강점을 키울 수 있는 작은 습관을 생각해보자. 5점이 여러 개 나올 수 있다. 그럴 때는 가장 마음에 드는 강점 한두 개에 집중하는 것이 좋다. 반면에 자신에게 엄격한 사람은 4점 이상의 강점이 하나도 없을 수 있는데, 이럴 때도 점수가 가장 높은 강점을 선택하면 된다.

예전에 이 설문을 했더니, 나의 강점은 학구열과 친절이었다. 이러한 강점을 더욱 강화하기 위해 새로운 습관으로 글쓰기를 선택했다. 내가 공부한 내용을 글쓰기를 통해 사람들과 공유하면서 그들의 성장을 돕고 싶다. 글쓰기 습관은 나의 강점과 연결되므로 나를 성장시킬 수 있는 좋은 습관이라고 생각한다.

내 마음속에 새롭게 만들고 싶은 습관이 있다면 자문해본다. 새로운 습관이 나의 강점과 연결되는가? 이왕이면 다홍치마라고 했다. 새로 만들려는 습관이 강점과 연결된다면 더욱 효과적이다.

나의 강점은?

다음 문항을 읽고, 가장 적절한 숫자를 선택하시오.

1 나와 매우 다르다	2 나와 다르다	3 보통이다	4 나와 유사하다	5 나와 매우 유사하다

강점	문항	점수
창의성	나는 무엇인가를 할 때 언제나 새로운 방법을 생각해낸다.	
호기심	나는 내 삶이 아주 흥미롭다고 생각한다.	
판단력	나는 결정을 내릴 때 사실을 중시한다.	
학구열	나는 새로운 것을 배우는 것을 정말 좋아한다.	
통찰	사람들은 내게 조언을 구한다.	
사랑	나는 다른 사람에게 사랑을 잘 표현한다.	
친절	언제나 나는 도움이 필요한 사람들을 도우려고 노력한다.	
사회성	나는 언제나 처음 만난 사람과도 잘 어울린다.	
용감성	누군가가 못된 말을 할 때, 나는 언제나 분명하게 항의한다.	
인내	나는 장애가 있을지라도 일을 완수한다.	
진실성	나는 언제나 내 약속들을 지킨다.	

열정	사람들은 내가 열정으로 가득 차 있다고 말한다.	
용서	나는 용서하고 잊어버리는 것이 최선이라고 믿는다.	
겸손	나는 내게 일어난 좋은 일들에 대해서 언제나 겸손하게 처신한다.	
신중성	나는 언제나 말하기 전에 생각한다.	
자기조절	나는 절제력이 강한 사람이다.	
시민의식	내가 속한 집단이 내린 결정들을 존중하는 것이 내게는 중요하다.	
공정성	나는 내가 좋아하는 사람이든 아니든 간에 언제나 공정하게 대한다.	
리더십	나는 집단 활동을 잘 이끈다.	
심미안	나는 아름다운 것들을 볼 때면 깊은 감명을 받는다.	
감사	나는 내 삶에서 풍요로운 축복을 받아왔다.	
희망	도전해야 하는 어려움에도 불구하고 언제나 나는 미래에 대해 희망적이다.	
유머	나는 다른 사람들이 재미를 느끼게 만드는 재능이 있다.	
영성	나는 내 삶에서 소명의식을 가지고 있다.	

출처: VIA 홈페이지(www.viacharacter.org)

○ 강점 강화를 위한 작은 습관

강 점	작은 습관	강 점	작은 습관
창의성	사진·도예·회화, 시 써보기	용서	분노 감정 풀어버리기
호기심	낯선 주제 강의 듣기, 역사공부	겸손	가족, 친구, 동료를 칭찬하기
판단력	정치적 성향이 다른 신문 읽기	신중성	말하기 전에 한 번 더 생각하기
학구열	논픽션 책 읽기, 새 어휘 학습	자기조절	일주일간 매일 운동하기
통찰	주변의 갈등 해결 노력	시민정신	길거리에 있는 쓰레기 줍기
사랑	사랑을 표현하는 메모 전달	공정성	실수를 인정하고 책임을 느끼기
친절	친구나 가족 몰래 좋은 일 하기	리더십	친구 모임 주선하기
사회성	상대방을 이해하고 격려하기	심미안	낯선 미술관, 박물관 가기
용감성	독특한 생각 말하기	감사	매일 감사한 일 3가지 적어보기
인내	계획보다 일찍 완료하기	희망	실패에서 배운 것 생각하기
진실성	거짓말 하지 않기	유머	재미있는 유머 수집, 활용하기
열정	영양가 있는 아침식사 하기	영성	아침에 기도, 명상하기

제4부
실천 방법

습관을 완성하는
상황별 실천법

운동할 시간이
없을 때

○

시작은 1분 운동으로

신입사원 A는 직장생활이 생각보다 바쁘고 힘들었다. 체력이라면 나름 자신 있었는데 조금씩 지쳐가는 느낌이었다. 휴일에는 피곤해서 종일 잠만 잤는데도 피곤이 풀리는 기색이 없다. 규칙적으로 운동을 하려고 몇 번 시도했지만 번번이 실패했다. 학생 때는 그래도 가끔은 운동을 했는데, 직장에 다니면서는 아예 운동에 담을 쌓고 지내게 되었다.

나도 비슷한 경험을 했다. 대학 시절에는 축구 동아리를 만들 정도로 운동을 좋아했지만, 입사 이후에는 운동 시간이 확연히 줄었다. 예전보다 바빠졌기 때문이다.

많은 사람들이 시간이 없어서 운동을 하지 못한다. 문화체육관광부가 발표한 〈2021년 국민생활체육조사〉에 따르면, 규칙적으로 운동을 하지 못하는 이유를 묻는 질문에 '시간이 부족해서'(68.7%)라는 응답이 가장 많았다.[61] 우리나라 사람들은 바쁘다. 직장인의 근무시간은 OECD(경제협력개발기구) 국가 중 수위를 다툴 정도로 길고, 학생들도 학교를 거쳐 학원에서 밤늦게까지 공부한다. 시간이 없는데 어떻게 운동을 할 수 있을까?

시간이 없다면 1분 운동을 추천한다. 1분이라니 부담은 없지만 찜찜한 기분이다. 겨우 1분으로 무슨 운동효과가 있을까?

하지만 1분처럼 짧은 시간에 운동하는 것이 효과적이라고 한다. 서울대병원 가정의학과 최호천 교수는 따로 시간을 내서 하는 운동보다 평소 활동을 늘리는 것이 체중 감량에 더 효과적이라고 주장한다. 에너지의 70%는 기초대사와 음식을 소화하는 데 사용되고, 30%는 신체 활동에 사용된다. 30% 중 25%는 일상생활에서 소비되고, 5%는 운동하는 데 소비된다. 운동에 비해 일상생활 중에 소비되는 에너지가 많다는 얘기다. 따라서 평소 활동량을 조금만 늘려도 매일 1~2시간 운동하는 정도의 에너지를 소비할 수 있다. 일상생활에서 1분이라도 더 움직이는 것이 효과적이라는 말이다.

1분에 할 수 있는 운동은 다양하다. 스트레칭, 팔굽혀펴기, 윗몸일으키기, 스쾃, 플랭크 등 널리 알려진 운동법 외에도 '홈 트레이닝'이라고 검색하면 집에서 도구 없이 할 수 있는 간단한 운동을 쉽게 찾을 수 있다. 그 가운데 하고 싶은 운동 한 가지를 선택하고, 1분 운동을 시작한다.

이때, 실행하기 쉬운 목표를 세운다. 팔굽혀펴기는 1개부터 시작해도 좋다. 처음부터 10개, 20개를 목표로 삼으면 힘들 수 있다. 1개만 해도 안 하는 것보다 낫다. 또한 1개를 하려고 자세를 잡은 김에 2~3개를 할 수도 있다.

팔굽혀펴기를 1분 동안 몇 개나 할 수 있을까? 궁금해서 경찰 채용 체력시험 기준을 살펴보았다. 시험 종목에 팔굽혀펴기가 있는데, 만점 기준은 1분에 남자 58개, 여자 50개 이상이다. 윗몸일으키기도 1분에 남자 58개, 여자 55개 이상이다.

우리가 갑자기 1분에 50개를 할 수는 없지만, 조금만 연습하면 10개 정도는 할 수 있다. 팔굽혀펴기를 10개 이상 할 수 있으면 심장병과 심근경색, 뇌졸중에 걸릴 확률이 낮아진다는 연구 결과도 있다. 매일 팔굽혀펴기와 누워서 다리 올렸다 내리기를 각각 20개씩 하는데, 두 운동 합쳐서 2분이 걸리지 않는다. 1분에 생각보다 많은 운동을 할 수 있다.

1분 운동으로 계단 오르기도 추천한다. 누구나 할 수 있는 운동으로 1분이면 2개 층을 올라갈 수 있다. 걷기보다 2~3배의 열량을 소비할 수 있고, 짧은 시간에 다리 근육을 강화시키며, 체지방 감소에도 효과가 있다.

《하버드 졸업생 건강 연구》에 따르면 매일 8층 계단을 오르는 사람은 매일 2km를 걷는 사람보다 사망률이 22% 낮은 것으로 나타났다. 강북삼성병원 직업환경의학과 유승호 교수는 "계단을 두 칸 더 오를 때마다 0.5kcal씩 소모되고, 수명은 0.8초씩 늘어난다"고 말한다.

나는 사무실이 있는 건물 맨 위층인 9층까지 매일 계단 오르기를 한다. 처음에는 절반 정도 올라가면 다리가 뻐근했는데, 이제는 어느 정도 단련되어 어렵지 않게 올라간다. 시간은 3분이 채 걸리지 않는다. 보통 점심시간에 계단 오르기를 하는데, 바빠서 못할 경우에는 집에 들어갈 때 한다. 계단을 이용할 때 주의할 점이 있다. 계단 오르기는 운동효과가 좋지만 내려올 때는 관절에 무리가 갈 수 있으므로 승강기를 이용하는 것이 좋다.

만보걷기의 성공 비결

1분 운동에 이어 다음 습관으로 걷기를 추천한다. 〈국민생활체육조사〉를 보면, 한국인이 가장 많이 하는 운동은 걷기 (41.4%)다. 2위 등산(13.5%)보다 3배나 많이 즐기는 국민운동이다.

걷기는 유산소운동으로 심장질환과 당뇨병, 암을 예방하는 데 도움을 준다. 강화된 심폐능력은 대뇌혈류에도 긍정적인 영향을 주어 알츠하이머 같은 인지장애 위험을 낮추고, 면역력을 높이며, 뼈와 근육을 강하게 만든다. 또한 걷기는 의지력을 강화시킨다. 유산소운동은 전두엽과 해마를 두껍게 만들어 의지력 향상에도 효과적이다. 그래서 걷기는 체중 관리와 건강한 식습관은 물론 금연, 원만한 대인관계, 스트레스 관리, 소비 절제에도 도움을 준다.

2015년, 유럽의 과학자 48명은 운동이 사망률에 미치는 영향에 대한 연구 결과를 발표했다. 연구팀은 유럽에 거주하는 성인 33만 4,000명을 12년 넘게 관찰했다. 분석 결과, 매일 20분 이상 빠르게 걷는 그룹은 운동을 전혀 하지 않은 그룹보다 조기 사망률이 16~30% 낮았다.[62] 겨우 20분 정도 걷는 활동이 우리 몸에 큰 영향을 미친 것이다.

나는 매일 만보걷기를 한다. 만보는 보폭에 따라 다르지만

약 7km로, 빨리 걸으면 90분쯤 걸린다. 90분이라니? 바쁜 사람에게는 그림의 떡이다. 직장에 다니면서 매일 90분을 내기는 힘들다. 내가 택한 방법은 '티끌 모아 태산'이다.

첫째, 출퇴근 시간을 활용한다. 집에서 지하철역까지 1km를 매일 걸어간다. 마을버스의 유혹을 피하는 것이 관건이다. 도착 지하철역에서 내린 후 직장까지 걸어가면 출근할 때만 3,000보, 퇴근까지 더하면 6,000보쯤 된다.

둘째, 자투리 시간에 걷는다. 티끌을 모으는 것이다. 계단 오르기도 하고 틈틈이 걷는다. 점심시간 10분 산책도 좋다. 이렇게 하면 거의 만보가 된다.

만약 만보가 안 되면 어떻게 할까? 방법은 간단하다. 만보가 될 때까지 집에 들어가지 않는다. 한 정거장 전에 내려서 걷거나, 동네 한 바퀴를 돌고서 귀가한다. 출퇴근 시간에 많이 걸으려면 걷기 편한 신발을 신는 것이 좋다. 구두를 직장에 두고 출퇴근할 때만 운동화를 신는다.

셋째, 앞서 소개한 움woop을 적용한다. 처음에 만보걷기 목표를 세웠는데, 며칠 만에 실패했다. 비가 왔기 때문이다. 환경 영향으로 걷기 어려운 날이 생긴다. 이런 경우를 대비한 계획이 필요하다. 움을 만보걷기에 적용했다. 예를 들어, 만일 비가 오면 걷는 대신 누워서 다리 올렸다 내리기 50개를 하겠다는 목표를 세웠다.

비가 오는 날에는 만보걷기보다 강도가 약한 운동을 하게 되어 아쉬울 수 있다. 하지만 아예 운동을 하지 않는 것보다는 낫다. 이와 같이 옵을 활용했더니 만보걷기를 지속할 수 있었다. 미리 계획을 세우면 실제로 어려움을 만났을 때 극복할 가능성이 높아진다.

작년에 습관 관리 강의에 참여했던 분으로부터 메일을 받았다.

"만보걷기를 달성하기 위해 지하철역에서 집까지 걷기도 해보고, 시간을 내어 피트니스센터에서 운동도 하게 되었습니다. 특별히 걸으면서 하늘을 볼 시간이 많아져서 풍선처럼 커다란 해도 볼 수 있었고, 어두워진 밤에 달을 볼 수 있어서 기분도 좋았습니다. 감사합니다."

이런 메일을 받으면 너무 감사하다. 부족한 강의가 한 사람에게 긍정적인 영향을 주었다는 사실에 행복하다.

목표는 눈높이에 맞게

걸을 때도 목표를 세우면 좋다. 목표가 있어야 동기부여가 되고, 목표 달성 여부를 확인할 수 있기 때문이다.

앞에서 소개한 A선생님이 만보걷기에 도전했다. A선생님은 처음 이틀은 실패했으나, 목표를 눈높이에 맞게 조정한 후 성공 경험을 이어갔다. 그 이후 목표를 조금씩 올려 이제는 만보걷기를 매일 실천하고 있다.

일자	A 선생님	저자
1일차	하루 만보걷기에 실패했습니다. (5,400보)	실패하셔도 괜찮습니다. 며칠 더 해보시다가 부담되면 5천 보나 7천 보로 목표를 조정하셔도 좋아요.
	피드백 감사합니다! 며칠 더 해보고 조정해볼게요.	
2일차	하루 만보걷기, 오늘도 실패했습니다. (7,300보)	괜찮습니다. 힘내세요.
3일차	목표를 5천 보로 줄이겠습니다.	5천 보도 절대 쉬운 목표 아닙니다. 내일부터 파이팅입니다.
4일차	5천 보로 바꾸고 처음 성공했습니다. (8,100보)	멋지십니다. 대단하세요.
6일차	최고치 달성했습니다. (9,700보) 이번 주 해보고 목표치를 올릴까요?	멋지세요. 한 주 더 해보시고 올리셔도 괜찮을 것 같습니다.

목표를 높게 잡을 필요는 없다. 3천 보도 좋고 하루 10분 산책도 괜찮다. 부담스러운 목표를 정했다가 실패를 반복하는 것보다는 눈높이에 맞는 목표를 정하는 것이 효과적이다.

다이어트에
번번이 실패할 때

O

과식이 문제지만 간식도 적이다

많은 사람들이 다이어트에 도전한다. 일시적인 효과를 보기도 하지만, 유지하는 데 실패하는 경우가 많다. 그렇다면 장기적인 다이어트에 성공하는 비율은 얼마나 될까?

이 주제에 관한 연구가 미국에서 있었다. 연구팀은 장기간의 체중 감량을 파악하기 위해 1999년부터 2006년까지 성인 1만 1,306명의 자료를 분석했다. 분석 결과, 과체중이나 비만이었던 사람 가운데 체중 관리에 성공한 사람은 17%였다.[63] 비슷한 연구에서도 성공 비율은 15% 정도였다.[64]

두 연구 모두에서 다이어트 성공률은 20%에 미치지 못하는 걸 알 수 있다. 나머지 80%는 다이어트에 어려움을 겪는다는 말이다. 또한 다이어트를 시도한 사람 중 절반은 요요 현상을 경험했다. 다이어트로 감소된 체중보다 나중에 늘어난 체중이 더 많은 것이다. 왜 그럴까?

다이어트, 즉 식이요법을 시행하면 처음에는 살이 빠졌다가 시간이 지나면서 다시 찐다. 운동을 하지 않고 식사량만 줄일 경우에는 몸의 대사가 위축되면서 지방 분해 속도가 줄어들어 체중이 다시 증가한다. 다이어트만으로 체중 감량을 하려면 섭취 열량을 더 줄여야 하는데, 그 방법에는 한계가 있다. 배고프면 의지력이 약해져 집중력이 떨어지고, 감정 조절도 어려워지기 때문이다. 결국 운동을 병행해야 한다.

운동을 시작하면 살이 빠지면서 몸이 가벼워진다. 그런데 운동효과도 계속되는 것은 아니다. 운동을 하면 근육이 강화되면서 같은 운동을 해도 이전만큼 힘들지 않다. 그 결과, 같은 강도의 운동을 지속하면 소모되는 열량이 줄어들어 살이 빠지지 않는다. 몸무게를 더 빼려면 운동 시간을 늘리거나 운동의 강도를 높여야 한다.

이와 같이 우리 몸이 다이어트에 저항하기 때문에 다이어트는 생각만큼 쉽지 않다. 적게 먹으면 배고프고 기운이 빠진다. 체중을 줄이면 몸은 신진대사를 조절하여 체중이 더 빠지지 않도록 교묘하게 방어한다. 다이어트를 시작하면 몸을 피곤하게 만들어 활동량을 줄이거나 미각을 변화시켜 열량이 높은 음식을 더욱 먹고 싶게 만든다. 다이어트를 할 때 음식의 유혹이 더 강해지는 이유다.

결국 과식은 다이어트의 적이다. 식사량을 조절해야 하지만, 간식도 주의해야 한다. 간식은 설탕과 기름기가 많아 열량이 높다. 사람들이 간식으로 섭취하는 열량은 하루 섭취량의 25~30%에 달한다. 한 끼를 더 먹는 셈이다. 결국 간식을 먹으면 나도 모르게 과식하는 것이다. 그런데 간식을 먹는 사람들이 증가하고 있다. 2015년 기준, 간식을 하루에 3번 이상 먹는 사람들의 비율은 1970년에 비해 4배 이상 증가했다.[65] 대책이 필요한 시점이다.

과식을 피하는 법

첫째, 아침식사를 거르지 않는다. 아침식사를 하면 의지력 관리에 효과적일 뿐만 아니라 다이어트에도 큰 도움이 된다. 코넬대학의 연구팀은 큰 노력 없이 날씬한 몸매를 유지하는 사람들을 연구했다. 연구 결과, 날씬한 사람들의 96%가 거의 매일 아침식사를 하는 것으로 나타났다. 반면, 아침식사를 거

른 사람들은 점심식사 때 대부분 과식했다.[66]

굳은 결심으로 다이어트를 한다며 식사를 거른다. 하지만 그렇게 해서는 하루 이틀은 성공할지 모르지만, 오래 유지할 수는 없다. 특히 스트레스를 많이 받은 날엔 과식하거나 야식을 먹을 가능성이 높다. 다이어트를 시도하다 한 번에 와르르 무너질 때가 있다. 다이어트 도중 만난 치맥의 유혹은 이전보다 훨씬 강력하다. 유혹에 넘어가서 한번 먹게 되면, 어차피 다이어트는 물 건너갔으니 마음이나 편히 먹자며 하염없이 무너진다. 식사를 거르지 않으면서 간식과 야식을 하지 않는 것이 효과적이다. 하루의 시작인 아침식사부터 거르지 않는 것이 기본이다.

둘째, 먹은 음식을 기억한다. 식사할 때 TV나 스마트폰을 보는 사람이 많다. 식사보다는 영상을 보는 데 관심을 집중하기 때문에 주의할 필요가 있다. 한 실험에서 TV를 보면서 점심밥을 먹은 사람들은 TV를 보지 않고 먹은 사람들보다 저녁밥을 많이 먹었다. TV 시청이 점심식사에 대한 기억을 방해했기 때문에 점심밥을 어느 정도 먹었는지 기억하지 못해서 저녁식사 때 과식한다. 반면에 점심식사 때 먹은 것을 기억한 사람들은 저녁밥을 상대적으로 적게 먹었다. 점심식사를 기억하고 있으므로 저녁식사 때 과식을 막은 것이다.[67]

무엇을 먹었는지 기억하는 가장 좋은 방법은 기록하는 것이다. 매일 먹은 음식을 기록하고 체크하면 식사량을 조절할 수 있다. 그래서 음식 일기 쓰기를 권한다. 연구 결과, 똑같이 다이어트를 시작했어도 음식 일기를 쓰는 사람은 체중 감소량이 다른 사람에 비해 2배 정도 많았다. 기록이라는 작은 행동이 다이어트 성공 비결이다. 여기에 앞서 소개한 매일 체중 측정까지 병행한다면 효과는 더욱 커진다.

셋째, 음식의 유혹을 이기는 전략을 사용한다. 자신이 음식을 어느 정도 좋아하는지 확인한 후 자신에게 적합한 전략을 선택하여 실행한다. 식탐이 많은 사람은 음식의 유혹에 더욱 약하다. 먹는 것을 좋아하는 정도를 안다면 유혹에 대비하는 데 도움이 될 것이다. 먼저, 설문을 통해 자신이 먹는 것을 얼마나 좋아하는지 확인한다. 다음 15개의 문항 가운데 자신에게 해당하는 것을 체크하면 된다. 체크한 문항 수가 많을수록 먹는 것을 좋아한다고 볼 수 있다.

나는 먹는 것을 얼마나 좋아하는가? The power of food scale [68]

1. 나는 실제로 배고프지 않을 때도 음식을 생각한다.   (   )
2. 나는 다른 어떤 것보다 먹는 것이 즐겁다.   (   )
3. 내가 만일 좋아하는 음식을 보거나 냄새를 맡으면, 먹고 싶은 강한 충동을 느낀다.   (   )
4. 살찌기 쉽지만 내가 좋아하는 음식을 보면 먹는 것을 참기 힘들다.(   )
5. 음식이 나를 지배하는 힘을 생각하면 무섭다.   (   )
6. 맛있는 음식을 떠올리면 자연스럽게 먹는 생각을 한다.   (   )
7. 나는 때로는 몸에 나쁘다는 사실을 알아도 먹는다.   (   )
8. 나는 좋아하는 음식을 먹자마자 다음에 먹을 것을 기대한다.   (   )
9. 나는 맛있는 음식을 먹을 때, 맛이 얼마나 좋은지에 중점을 둔다.   (   )
10. 나는 일상에서 가끔씩 갑자기 먹고 싶은 충동을 느낀다.   (   )
11. 나는 대부분의 사람들보다 먹는 것을 훨씬 더 좋아한다.   (   )
12. 나는 어떤 사람이 훌륭한 음식을 설명하면 정말 먹고 싶다.   (   )
13. 내 머릿속은 음식으로 가득 찬 것 같다.   (   )
14. 나는 최대한 맛있게 먹는 것을 중요하게 여긴다.   (   )
15. 나는 좋아하는 음식을 먹기 전 입에 침이 고인다.   (   )

음식의 유혹에 어느 정도 강한지 살펴보았다. 체크한 문항이 8개가 넘는다면 음식을 좋아하는 편이므로 과식에 주의할 필요가 있다. 다음으로 음식의 유혹을 이겨내는 전략 6가지를 소개한다.[69] 아래의 문항을 읽고 자신에게 적합한 전략을 모두 표시한다.

1) 유혹 회피

시내에 있으면, 패스트푸드점을 지나가지 않겠다. ( )

제과점을 지나가면, 창문에 진열된 것을 보지 않겠다. ( )

슈퍼마켓에 가면, 사탕 진열대를 피할 것이다. ( )

심심하면, 부엌으로부터 멀리 떨어질 것이다. ( )

2) 유혹 통제

먹고 싶으면, 조금만 먹고 나머지를 치우겠다. ( )

TV를 보면, 과자를 손이 닿지 않는 곳에 두겠다. ( )

PC를 하면, 손이 닿는 곳에 건강식을 놓겠다. ( )

사탕을 먹고 싶으면, 조금만 먹고 나머지는 멀리 치우겠다. ( )

3) 주의 분산

사탕을 사고 싶은 유혹을 느끼면, 기분전환을 하겠다. ( )

무엇을 먹고 싶다고 느끼면, 친구에게 전화하겠다. ( )

저녁식사 전에 배고프면, 하고 있는 일에 집중하겠다. ( )

충동적으로 사탕을 먹고 싶으면, 할 일을 찾겠다. ( )

4) 무시 혹은 억제

제과점을 지나가면, 맛있는 음식 냄새를 무시하겠다. ( )

건강에 좋지 않은 음식을 먹고 싶으면, 내 자신에게 "노!"라고 말하
겠다. ( )

몸에 좋지 않은 간식으로부터 멀리 떨어지기 위해 의지력을 사용하
겠다. ( )

많은 간식이 있는 파티에 간다면, 음식을 무시하겠다. 　　( )

5) 목표 설정

직장이나 학교에 과일을 가져간다. 　　( )

하루에 사탕 몇 개를 먹을지 나 자신과 약속한다. 　　( )

간식을 먹고 싶으면, 과일을 먼저 먹겠다. 　　( )

자신을 위해 건강하게 먹겠다는 목표를 세운다. 　　( )

6) 심사숙고

간식을 먹고 싶으면, 건강에 나쁘다는 것을 떠올릴 것이다. 　　( )

과식할 것 같으면, 열량 소비를 위해 얼마나 운동해야 하는지 생각하
겠다. 　　( )

간식을 먹고 싶으면, 나의 매력적인 모습을 상상하겠다. 　　( )

건강에 나쁜 음식이 당긴다면, 그것을 진정으로 원하는지 생각하겠다.
　　( )

이 6개 전략 가운데 가장 많이 선택한 것이 당신에게 적합한 전략이다. 선택한 전략을 웁에 적용하면 좋다. 대부분의 문항이 '~하면, ~하겠다'로 구성되어 있어 웁의 장애 요소와 계획에 바로 활용할 수 있다. 먹은 음식을 기억하고, 음식의 유혹을 이기는 전략을 적극 실천한다면 다이어트가 한결 쉬워질 것이다.

나쁜 습관을
버릴 때

○

경쟁 반응을 활용한다

대학원생 맨디에게는 한 가지 고민이 있다. 사춘기 때부터 손톱을 물어뜯는 습관이 고민이다. 한번 시작하면 피가 날 때까지 물어뜯었다. 이 습관을 고치려고 손톱에 매니큐어를 바르는 등 여러모로 애썼지만 모두 실패했다. 아직까지 전문가에게 상담을 받은 적이 없던 맨디는 고민 끝에 미시시피 주립대 상담실을 찾아갔다.[70]

상담사는 손톱 물어뜯기와 상관없는 일상적 대화를 했다. 대화 도중 맨디가 손톱을 물어뜯으면 말했다.

"당신이 손톱을 물어뜯는 것을 보니 좀 긴장했군요."

맨디에게 손톱을 물어뜯었다는 사실을 알려주기 위한 말이다. 어느 정도 시간이 흐르고 손톱 물어뜯기에 대한 이야기를 시작했다. 상담사는 맨디에게 손톱 물어뜯는 행동을 묘사해 달라고 부탁했고, 맨디는 손가락에 긴장감이 오면 손톱을 물어뜯는다고 대답했다. 그 후 맨디는 언제 손톱을 물어뜯는지를 파악하기 위해 상담실에서 다양한 상황에 노출되었다. 관찰 결과, 맨디는 혼자 있거나 텔레비전을 볼 때 손톱을 자주 물어뜯었다.

상담사는 '습관반전훈련'habit reversal training을 적용하기로 했다. 맨디에게 훈련 방법을 알려주고 과제를 주었다. 손가락에 긴장감을 느낄 때마다 항상 갖고 다니는 카드에 표시하도록 요청했다. 일주일 후 카드에는 28개의 표시가 기록되었다. 주로 텔레비전을 볼 때와 수업 중 긴장감을 느낄 때 기록되었다. 상담사는 맨디에게 경쟁 반응을 알려주었다. 손가락에 긴장감을 느낄 때마다 손을 입에 넣을 수 없게 다른 행동을 하라는 것이었다.

예를 들어, 연필을 잡거나 손을 주머니에 넣는 행동도 좋은 경쟁 반응이다. 긴장감을 느낄 때마다 카드에 기록하고, 경쟁 반응 행동으로 기존 습관을 이겨내면 별도로 표시하기로 했다. 맨디는 손톱 물어뜯는 습관을 고쳤을까?

한 달 동안 진행된 훈련의 성과는 놀라웠다. 먼저 손톱이 길어졌다. 처음 시작할 때 열 손가락 전체의 손톱 길이는 10.5cm였는데, 한 달 후에는 14.5cm로 길어졌다. 다음으로 손톱을 물어뜯는 횟수가 줄었다. 손톱을 일주일에 28번 물어뜯던 맨디는 습관반전훈련을 시작한 후 일주일 동안 신호를 느낀 열 번 중 세 번만 물어뜯었다. 일곱 번은 경쟁 반응으로 습관을 이겨냈다. 4주차에는 손가락에 긴장감을 세 번 느꼈고, 단 한 번만 물어뜯었다. 4주 만에 엄청난 변화가 일어났고, 마침내 습관이 바뀌었다.

습관반전훈련은 투렛 증후군과 강박장애 환자에게는 물론 우울증, 흡연, 도박 치유에도 활용된다.[71] 특히 틱 장애 치유에도 도움이 된다. 한 연구에서 틱 장애 아동 126명을 두 그룹으로 나눈 후 A그룹에는 습관반전훈련을 적용하고, B그룹에는 일반적인 교육을 실시했다. 10주 후 증상이 개선된 비율은 A그룹 52.5%, B그룹 18.5%로 습관반전훈련을 적용한 A그룹이 2배 이상 높았다.

행동을 변화시키는 습관반전훈련은 크게 3가지 과정으로 구성된다. 첫째는 자각 훈련이다. 습관 행동 이전 신호를 스스로 인지하는 과정이다. 맨디는 관찰을 통해 손톱을 물어뜯기 전에 손가락에 긴장감이 온다는 사실을 알았다. 긴장감을 느끼고 기록하면서 자각 능력을 향상시켰다. 둘째는 경쟁 반응이다. 습관 신호가 올 때 습관이 아닌 다른 행동을 하는 훈련이다. 맨디는 경쟁 반응을 통해 손톱을 물어뜯는 횟수를 극적으로 줄였다. 셋째는 이완 훈련이다. 심호흡 등을 통해 긴장을 완화시키고, 반전된 습관을 지속 유지하는 과정이다.

찰스 두히그는 《습관의 힘》에서 몇 가지 습관반전훈련 사례를 소개한다. 예를 들어, 간식 습관을 중단하고 싶다면, 간식을 먹고 싶을 때 잰걸음을 걷거나 3분 정도 인터넷을 검색하는 경쟁 반응을 활용할 수 있다.[72]

습관을 버리는 연습

나는 다리 꼬는 습관을 버리고 싶었다. 다리 꼬기는 학창 시절부터 시작되어 뿌리가 깊은 습관이다. 어느 날 나도 모르게 다리를 꼬고 앉아 있는 모습을 발견했다. 가만히 앉아 있는 것보다 다리 꼬는 것이 더 편한 것 같았다.

다리 꼬는 자세는 건강에 좋지 않다. 다리를 꼬고 앉으면 위쪽 다리 골반 근육이 당겨지고 아래쪽 다리 골반은 비틀어져 척추가 망가진다. 심할 경우 척추가 옆으로 굽을 수 있다. 오랜 시간 다리를 꼬고 있으면 다리에 압박이 가해져 혈액

순환이 원활하게 이루어지지 않고, 심하면 하지정맥류를 일으킬 수도 있다. 또한 위장이 압박을 받아 뒤틀려질 수 있어 소화 불량과 복부 팽만감이 생길 수 있다.

나도 다리 꼬는 자세가 좋지 않다는 건 이미 알고 있었다. 여러 번 고쳐보려 했지만 생각만큼 쉽지 않았다. 그래서 습관반전훈련이라는 기회를 잡았다. 검증된 훈련법을 나에게 적용해보고 싶었다.

자각 훈련부터 시작했다. 내가 언제, 어떤 기분이 들 때 다리를 꼬는지 관찰했다. 사무실에 있을 때, 지하철에서 앉아 있을 때 다리를 자주 꼬았다. 어디서든 앉아 있다가 허전한 느낌이 들 때면 다리를 꼬았다. 이때마다 카운터 애플리케이션을 이용해 기록했더니 다리 꼬고 싶은 신호를 하루 평균 5번 이상 느꼈다.

다음으로 경쟁 반응을 연습했다. 다리 꼬고 싶은 신호가 오면 손으로 무릎을 잡거나 잠시 의자에서 일어났다. 다리 꼬고 싶을 때마다 경쟁 반응을 보이자 점차 횟수가 줄어들었다. 일주일 후에는 다리 꼬고 싶은 신호가 하루에 한두 번으로 줄었고, 열흘이 지나자 거의 안 하게 되었다.

지금은 어떨까? 2년이 지난 지금도 가끔 다리를 꼬고 싶다는 신호가 온다. 하지만 이제는 효과적으로 대응할 수 있어 걱정하지 않는다. 다리를 꼬고 싶다는 신호를 인식하고, 경쟁 반응을 실행하기 때문이다. 수십 년간 이어온 다리 꼬는 습관을 습관반전훈련으로 고쳤다.

이 훈련법을 주위사람들과 공유하고 싶었다. 때마침 입술 뜯는 습관을 고치고 싶다는 선생님을 만났다. 그에게 습관반전훈련을 알려주었다. 2주 후에 메일이 왔다. 그는 1단계 자각 훈련에서 무언가를 골똘히 생각하거나 집중할 때, 자신도 모르게 입술을 뜯는다는 것을 발견했다. 항상 입술을 뜯는 것이 아니라 특정 상황에서만 뜯는다는 사실을 알게 된 것이다. 현재는 습관반전훈련을 통해 조금씩 나아지고 있으며, 뿌듯한 기분이라고 했다. 내게 고맙다고 했다. 내가 효과를 보고 추천한 방법이 다른 사람에게 도움이 되었다니, 기뻤다.

습관이 바뀌었다고 방심해서는 안 된다. 호시탐탐 역습을 노리는 과거 습관으로부터 새로운 습관을 지켜야 한다. 과거 습관은 우리가 스트레스를 받을 때, 의지력이 약해질 때, 과거의 익숙한 환경에 노출될 때 역습을 시도한다. 역습 기회를 사전에 차단하는 노력이 필요하다. 또한 습관반전훈련은 효과적인 방법이지만, 만병통치약은 아니다. 흡연, 음주, 약물 복용 등의 습관이 습관반전훈련으로 바뀌지 않는다면 의사와 상담사 등 전문가의 도움을 받는 것이 좋다.

끊기 어려운
소비의 유혹

○

어떨 때 유혹에 약해질까

한 달에 한 번씩 깜짝 놀라는 날이 있다. 카드 명세서 받는 날이다. 분명히 얼마 쓰지 않은 것 같은데, 명세서를 받아보면 지출이 예상보다 많다. 착오가 있는지 명세서를 찬찬히 읽어보면, 분명 내가 쓴 것이 맞다. 가랑비에 옷 젖는 줄 몰랐던 것이다. 다음 달부터는 씀씀이를 좀 줄여야지 다짐하며 허탈한 마음을 달래본다. 재미있는 것은, 이런 다짐을 지난달에도 했다는 사실이다.

카드 명세서를 살펴보면 충동구매의 흔적이 있다. 물건을 살 생각이 없었는데, 구경하거나 광고를 보다가 갑자기 사고 싫어져서 구매한 것이다. 예전에는 매장에 가서 제품을 만져 보거나, 마트에서 시식을 하는 등 직접 경험을 한 후 물건을 샀다. 그런데 이제는 매장에 가지 않아도 홈쇼핑, 인터넷, 모바일을 통해 언제 어디서나 구매할 수 있다. 기술이 발달하면서 쇼핑은 편해졌지만, 충동구매의 기회도 많아졌다.

그런데 충동구매보다 무서운 것이 강박구매다. 충동구매는 어쩌다 한 번이지만, 강박구매는 부정적인 감정과 결합되어 만성적이고 반복적으로 일어난다. 강박구매를 하면 순간적으로는 만족스럽지만, 장기적으로는 자신은 물론 주위사람에게까지 해를 끼친다. 이러한 강박구매자는 생각보다 많다. 국내 연구팀이 여대생을 대상으로 조사한 결과, 응답자 489명 가운데 16%가 강박구매자로 나타났다.[73]

강박구매자는 실제로 그 물건을 원해서 산 게 아니다. 연구팀이 강박구매자와 면담한 내용을 보면 구매 이유를 알 수 있다.

"내가 우울하거나 지루할 때, 단지 새로운 것을 사고 싶다. 쇼핑을 하면 기분이 좋아진다. 쇼핑을 할 때 흥분되고 행복하다고 느낀다. 사실 나는 물건을 원하지 않는다. 가끔 물건을 사고 나서 하나 더 사야지 하고 생각한다."

이들은 쇼핑을 통해 물건이 아닌 기분전환을 구매한다. 강박구매자는 물건을 사면서 순간적으로는 위안을 얻지만 그런 감정은 곧 죄책감, 우울함, 낮은 자존감 같은 부정적 정서로 연결된다. 그렇게 되면 부정적 정서를 극복하기 위해 다시 강박구매를 시도하는 악순환에 빠진다.

사람들은 충동구매와 강박구매를 줄이려고 다양한 방법을 시도한다. 이것을 사면 이번 달 지출 계획을 초과할 수 있다는 비용 관점에서 생각할 수 있다. 또한 이것을 사서 먹으면 살찔 것 같다며, 구매 행동에 대한 부정적인 결과를 상상하는 방법도 있다. 이와 같이 의지력을 활용하는 방법은 강박구매보다는 충동구매에 효과적이다.

합리적인 소비를 하려면 여러 물건을 비교하고 따져봐야 한다. 의지력이 부족하면 비교하는 것이 귀찮아진다. 그래서 가장 좋은 것으로 주라거나 가장 싼 것으로 주라는 단순한 선택을 한다. 의지력이 소진되어 자아고갈 상태가 되면 몇 가지 유혹에 취약해진다.[74]

첫째, 맥락효과에 약해진다. 물건보다는 환경이나 분위기가 마음에 들어서 구매하는 경우다. 둘째, 유인 효과에 약해진다. 사은품을 주면 실제보다 더 매력적이라고 생각하여 사는 경우다. 셋째, 파격적인 선택에 약해진다. 여러 가지 대안이 제시되었을 때, 파격적인 제안을 선택하는 경우다. 결국,

의지력이 부족해지면 충동구매 가능성이 높아진다.

똑똑한 소비를 위한 습관

합리적인 소비는 경제 활성화에 필요한 행동이다. 그러나 자신의 능력을 벗어난 충동적인 소비는 자제되어야 한다. 충동구매를 억제하기 위한 기본은 의지력을 향상시키고 유지하는 것이다. 기본에 충실하면서 합리적으로 소비하는 3가지 습관을 소개한다.

첫째, 지출을 기록한다.

"아, 별로 쓴 것도 없는 것 같은데, 어디에 다 쓴 건지. A카드 130만 원, B카드 120만 원, C카드 50만 원, 에휴~ 월급 받으면 고스란히 카드 값으로 다 나가네요. 술을 마시거나 논 것도 아니고, 해외 직구 몇 번 했더니 난리네요."

어느 직장인이 온라인 커뮤니티에 올린 글이다. 댓글이 많이 달렸다. 자신도 비슷한 상황이라며 공감하는 사람도 있었고, 그 정도 월급을 받았으면 좋겠다는 취업준비생도 있었다. 한 댓글에 눈길이 갔다.

"저도 항상 200만 원 정도는 나왔는데, 가계부를 쓰다 보니 100만 원이나 줄었어요. 쓰지 말아야 할 곳의 지출을 줄이게 되더라고요. 가계부 작성을 추천합니다."

가계부를 쓰면 자신의 소비 패턴을 파악하여 불필요한 지출을 줄일 수 있다. 심리학자 메건 오튼Megan Oaten과 켄 쳉Ken Cheng은 연구에 참여한 대학생들에게 4개월간 가계부를 쓰게 했고, 외식과 영화 등 계획하지 않은 지출을 억제하라고 요청했다.[75] 참여자들은 구입한 내용을 빠짐없이 기록했다. 4개월 후 분석해보니 가계부를 쓴 학생의 소비는 점점 줄었고, 저축은 지속적으로 늘었다. 가계부를 쓰기 전에는 수입의 8%를 저축했지만, 4개월 후에는 38%를 저축했다. 가계부를 쓰는 활동이 재무관리에 도움을 준 것이다.

연구에 참여한 학생들은 4개월 동안 재정상태가 나아진 것은 물론 흡연과 음주 횟수도 줄었다. 지출을 기록하고 체크하는 반복 행동이 의지력을 향상시켜 다른 습관에까지 긍정적인 영향을 준 것이다.

스마트폰 애플리케이션을 이용하면 가계부를 쉽게 쓸 수 있다. 가계부를 쓰는 것이 힘들다면 카드사 홈페이지에서 지출 내역을 확인하는 것도 괜찮다.

둘째, 평정심을 유지한다.

기분은 충동구매에 큰 영향을 미친다. 충동구매는 기분이 좋을 때 자주 일어난다. 연구 결과에서도 소비자의 85%가

부정적인 감정일 때보다 긍정적인 감정일 때 충동구매를 더 많이 하는 것으로 나타났다.[76]

기분이 너무 좋거나 나쁠 때 지름신이 찾아올 가능성이 높아진다. 긍정적인 감정은 충동구매를 증가시키고, 부정적인 감정은 강박구매로 연결될 수 있다. 스트레스가 심할 때도 조심해야 한다. 스트레스가 심해지면 소비 행동이 증가한다. 스트레스와 소비 행동에 대한 연구에서 스트레스가 심해지면 쇼핑, 음주, 도박 등이 증가하는 것으로 나타났다.[77] 너무 들뜨거나 스트레스가 심해져서 충동구매나 강박구매로 이어질 것 같으면, 평정심을 찾고자 노력할 필요가 있다.

고대 이스라엘의 다윗 왕은 자신의 마음을 다스리기 위한 반지를 만들고 싶었다. 그는 세공 장인을 불러 전쟁에서 이겼을 때는 교만하지 않고, 절망에 빠졌을 때는 좌절하지 않게 하는 문구를 넣은 반지를 만들라고 명령했다. 장인이 반지를 만들었으나, 문구를 정하지 못해 지혜롭다는 솔로몬 왕자에게 부탁했다. 그러자 솔로몬 왕자가 준 문구를 내놓았다. "이 또한 지나가리라." 다윗 왕은 반지와 문구를 보고 매우 만족했다. 심호흡을 하거나 차를 마시면서 평정심을 유지한다면 합리적인 소비에 도움이 될 것이다.

셋째, 주변을 정리한다.

구매 행동은 습관인데, 환경은 습관 반복에 영향을 준다. 주변을 잘 정돈하면 충동구매를 줄일 수 있다. 정리정돈과 충동구매에 대한 영국의 연구 결과가 이를 말해준다.[78] 연구에 참여한 대학생 150명은 3가지 환경에 무작위로 배정되었다. A그룹은 종이, 물병, 종이컵 등이 어수선하게 널려 있는 책상에, B그룹은 문구류가 잘 정리된 책상에, C그룹은 아무것도 없는 빈 책상에 앉았다. 참여자들에게 얼마 동안 책상을 정면으로 바라보게 한 후, 최고급 TV, 에어컨, 냉장고, 여행권, 식사권 등을 하나씩 보여주었다. 그리고 이 상품을 갖기 위해서 최대한 지불할 수 있는 금액을 물어봤다. A그룹 학생들은 B그룹과 C그룹에 비해 충동구매를 많이 했다. 정돈되지 않은 환경이 의지력을 소진시켜 충동구매로 연결된 것이다. 잠시 주변을 둘러보고 정리할 것이 없는지 살펴보자. 사소한 행동 하나가 큰 영향력을 발휘한다.

나의 충동구매 수준은?

합리적인 소비를 위해서는 자신의 충동구매 수준을 파악할 필요가 있다.
아래 항목들이 자신을 얼마나 잘 나타내고 있는지 체크해보자.

1 전혀 아니다	2 다소 아니다	3 보통이다	4 다소 그렇다	5 매우 그렇다

1	나는 구매하기 전에 미리 계획하지 않는다.	
2	나는 물건을 사기 전에 이것이 꼭 필요한지 생각하지 않는다.	
3	나는 구매하는 물건을 주의 깊게 계획하지 않는다.	
4	나는 가끔 별생각 없이 물건을 구매한다.	
5	나는 간혹 물건이 필요해서가 아니라 물건을 사는 것이 좋아서 구매한다.	
6	나는 구매 이후의 결과를 생각하지 않고 내가 좋아하는 것을 산다.	
7	나는 당시 느끼는 감정에 따라 물건을 구매한다.	
8	나는 자연스럽게 사는 것이 재미있다.	
9	나는 마음이 따뜻하고 공감 능력이 있는 사람이다.	
10	나는 새로운 경험에 개방적인 사람이다.	
	합 계	

출처: Badgaiyan, A. J., Verma, A., & Dixit, S.(2016), Impulsive buying tendency: Measuring important relationships with a new perspective and an indigenous scale, *IIMB Management Review*, doi:10.1016/j.iimb.2016.08.009.98

※ 채점 방법: 각 문항 점수의 합계를 구한다.
· 36점 이상: 충동구매 성향이 높은 수준임.
· 26~35점: 충동구매 성향이 보통 수준임.
· 25점 이하: 충동구매 성향이 낮은 수준임.

담배를
끊지 못할 때

○

얼마나 나쁜지 실감하지 못한다

금연에 성공하기는 쉽지 않다. 한국보건사회연구원에 따르면 1년간 금연에 성공하는 비율은 18%, 2년간 금연을 유지하는 비율은 13%에 불과하다. 미국에서도 매년 수백만 명이 금연을 시도하지만 한 달 안에 81%가 실패하며, 영국에서는 일주일 안에 75%가 실패한다는 통계가 있다.[79] 우리나라 사람에게만 금연이 어려운 것은 아니다.

흡연은 끊기 어려운 습관이다. 흡연 행동뿐만 아니라 니코틴 중독에 의한 금단현상까지 이겨내야 하기 때문이다. 담배를 피우면 니코틴이 뇌를 자극하여 기분을 좋게 하는 신경전달물질 도파민의 분비를 촉진시킨다. 도파민을 통해 기분이 좋아지는 경험을 반복하면 점점 더 많은 도파민을 원하게 되고, 도파민이 부족할 경우 불안하고 초조해지는 금단현상을 겪게 된다. 다른 물질과 비교할 때 니코틴은 중독성 약물이며, 흡연자의 대부분이 니코틴에 의존성을 갖는다. 흡연처럼 중독성 있는 습관은 다른 습관보다 변화시키기 어렵다. 그러니 차근차근 도전한다. 흡연 행동이 바뀌려면 생각이 바뀌어야 한다. 먼저 흡연에 대한 오해를 살펴본다.[80]

오해1, 담배를 피우면 스트레스가 해소된다.

흡연을 하면 도파민이 분비되어 일시적으로 기분이 좋아진다. 그런데 잠시 후 도파민 농도가 감소되면 불안하고 집중력이 저하되는 금단현상이 나타난다. 흡연이 일시적으로는 스트레스를 해소시키는 것 같지만, 결국에는 스트레스를 유발하는 원인이 된다.

오해2, 흡연이 다이어트에 도움을 준다.

그래서 금연을 하면 체중이 증가한다는 것이다. 금연을 하면 체중이 증가하지만, 일시적인 현상이다. 설사 금연을 해서 체중이 늘었다고 해도 지속적인 흡연이 단기간의 체중 증가보다 해롭다는 사실은 변하지 않는다. 흡연은 체중을 조절하는 방법이 아니다.

금연에 도움이 되는 방법

흡연은 다른 습관보다 끊기 어렵다. 의지력만으로 금연에 성공하기 어려울 때는 금연 클리닉이나 보건소를 찾아 전문가의 도움을 받을 필요가 있다. 하지만 스스로 금연하는 경우든, 전문가의 도움을 받든 모두 의지력이 필요하다. 의지력 관리는 금연의 기본이다. 의지력을 활용하여 흡연 욕구를 어느 정도 억제할 수 있는 방법을 소개한다.

첫째, If-then 계획을 활용한다. 한 친구가 금연에 성공했다. 20년 넘게 피우던 담배를 끊었다. 금연 성공 비결을 묻자 이런다. "술 마실 때 담배 생각이 가장 많이 났는데, 그럴 때면 금연을 약속한 아이들을 생각했어."

친구의 말은 If-then 계획과 유사하다. 심리학자 크리스토퍼 아미티지Christopher Armitage는 If-then 계획을 금연에 적용했다.[81] 흡연자 193명이 참여한 연구에서 일부 흡연자에게는 아미티지가 개발한 금연 If-then 계획을 주고 활용하게 했다. 이 자료를 활용한 그룹의 19%가 금연에 성공했다. 자료를 활용하지 않은 그룹의 성공률 2%에 비해 거의 10배나 높은 수치다.

2016년에 발표된 아미티지의 다른 연구에서도 If-then 계획을 세운 사람의 금연 가능성이 훨씬 높았다. If-then 계획을 세웠지만 금연에 성공하지 못한 흡연자들도 흡연양이 37% 감소했다.[82] If-then 계획은 흡연처럼 바꾸기 힘든 습관을 극복하는 데도 도움을 준다. 아래 표는 아미티지의 If-then 계획 자료다.

If (만일 ~할 때 담배 피우고 싶다면)	Then (그러면 나는 ~할 것이다.)
술집에서 술 마실 때	다른 것을 생각한다.
갑자기 담배가 생각날 때	자신에게 '금연할 수 있어'라고 말한다.
일이 잘 안 풀려 짜증날 때	금연하면 좋은 점을 생각한다.
담배 피우는 친구와 함께 있을 때	비흡연자의 권리를 상기시킨다.
행복하고 기분이 좋을 때	건강에 해롭다는 경고를 기억한다.
매우 화가 날 때	담배를 떠올리는 물건을 치운다.
친구와 대화하면서 커피 마실 때	금연에 대해 대화할 사람을 찾는다.
금연이 너무 어렵다고 생각될 때	뉴스 기사의 금연 정보를 생각한다.
아침에 일어났을 때	비흡연자 위주의 사회 변화를 생각한다.
스트레스를 많이 받을 때	흡연이 아닌 다른 무언가를 한다.

둘째, 사전 조치 전략을 사용한다. 흡연의 유혹을 피하기 위해 사전에 대비하는 방법이다. 필리핀에서 흡연자를 대상으로 흥미로운 연구가 진행되었다.[83] 흡연자 중 일부에게 은행과 계약을 맺게 했다. 계약 내용은 이렇다.

"일주일에 한 번씩 원하는 만큼 일정 금액을 예금한다. 그리고 6개월 후 소변검사에서 니코틴이 발견되면 은행 예금액 전부를 자선단체에 기부한다."

6개월 동안 절반 이상이 중도 하차했다. 그럼에도 이 방법은 금연 성공에 효과적이었다. 이 계약을 받아들인 흡연자는 다른 금연 프로그램에 참여한 집단에 비해 금연 성공률이 40% 이상 높았다. 은행 예금이라는 사전 조치가 흡연의 유혹을 피하는 데 도움을 준 것이다.

시내 곳곳에 보이는 금연 구역 지정도 사전 조치 방법 중 하나다. 흡연을 금지하는 공간이 많을수록 흡연율이 낮아지므로 효과적인 사전 조치라고 할 수 있다. 담배를 떠올리는 물건을 주변에서 치우거나, 담배를 집에 두고 외출하는 것도 좋은 방법이다. 마음이 맞는 친구나 동료와 함께 금연을 시도하면 성공 가능성이 높아진다. 이때 일정 상금을 걸고 하는 것도 좋은 전략이다.

셋째, 스트레스를 관리한다. 금연에 방심은 금물이다. 금연을 잘 유지하다가 한 번에 무너지는 경우가 많기 때문이다. 특히 술 마실 때 조심해야 한다. 금연을 유지하려면 자신을 주의 깊게 관찰해야 하는데, 술을 마시면 인지 과정이 손상되어 관찰이 어려워진다. 그래서 술은 흡연 행동을 증가시킨다.

스트레스를 주의해야 한다. 스트레스를 많이 받으면 술을 마시면서 다시 흡연하는 사례가 많다. 흡연하고 싶을 때, 금연 껌을 씹거나 약간의 카페인을 섭취하면 담배를 끊을 확률이 높아진다. 스트레칭으로 긴장을 완화시키는 것도 좋은 방법이다. 운동이나 취미 활동도 스트레스를 관리하는 데 효과적이다.

금연에 성공한 친구가 동영상을 보내왔다. 스킨다이빙을 하는 모습이다. 새로 시작한 운동이 금연에 한몫했다는 말도 곁들였다.

나의 흡연 강도는?

금연 치료의 권위자 칼 파거스트롬 박사가 개발한 니코틴 의존도 설문이다.
자신에게 해당하는 보기를 체크하고 점수를 더해보자.

1. 아침에 일어나서 얼마 만에 첫 담배를 피우십니까?
   - ☐ 5분 내 (3점)
   - ☐ 6~30분 (2점)
   - ☐ 31~60분 (1점)
   - ☐ 60분 이후 (0점)

2. 지하철, 버스, 영화관과 같은 금연 구역에서 흡연 욕구를 참는 것이 어렵습니까?
   - ☐ 예 (1점)
   - ☐ 아니오 (0점)

3. 가장 포기하기 싫은 담배, 다시 말해 가장 좋아하는 담배는 어떤 것입니까?
   - ☐ 아침의 첫 담배 (1점)
   - ☐ 그 외의 담배 (0점)

4. 하루에 담배를 몇 개비나 피우십니까?

    □ 10개비 이하 (0점)

    □ 11~20개비 (1점)

    □ 21~30개비 (2점)

    □ 31개비 이상 (3점)

5. 깨어나서 처음 몇 시간 피우는 흡연 양이 그 이후 흡연 양보다 더 많습니까?

    □ 예 (1점)

    □ 아니오 (0점)

6. 아파서 하루 종일 누워 있거나, 감기나 독감에 걸려 호흡이 곤란할 때에도 담배를 피우십니까?

    □ 예 (1점)

    □ 아니오 (0점)

※ 채점 방법: 각 문항 점수의 합계를 구한다.
- 0~3점: 중독 정도가 낮음 ⇨ 혼자서도 금연에 도전할 수 있음
- 4~6점: 중독 정도가 중간 정도 ⇨ 금연 시 약물의 도움이 좋을 듯.
- 7~10점: 중독 정도가 높음 ⇨ 전문가의 도움을 받아야 함.

출처: 안희경, 이화진, 정도식, 이선영, 김성원, 강재헌. 한국어판 니코틴 의존도 설문 도구의 신뢰성 및 타당도. 가정의학회지. 23(8), 2002, 999-1008.

자기계발을
하고 싶을 때

○

습관은 없는 시간도 만든다

'옵솔리지obsoledge'. 미래학자 앨빈 토플러가 만든 단어다.
쓸모없는obsolete과 지식knowledge을 합성한 말로, 쓸모없는 지
식이란 뜻이다. 지식에도 유통기한이 있다. 유통기한이 지나
기 전에 업데이트할 필요가 있다.

방사성 동위원소 덩어리가 절반으로 붕괴되는 기간을 반
감기라고 하는데, 이 개념은 지식에도 적용된다. 우리가 아는
지식 가운데 절반이 틀린 것으로 확인되는 데 걸리는 시간이
바로 '지식 반감기'다.

과학자 새뮤얼 아브스만Samuel Arbesman은 여러 분야의 지

식 반감기를 조사하여《지식의 반감기》라는 책에서 이를 소개했다. 기초 지식의 반감기는 물리학 13년, 경제학 9년, 심리학과 역사학은 7년으로 나타났다. 응용 지식의 반감기는 기초 지식에 비해 훨씬 짧았다. 기술 대학에서 배운 지식은 3년, 컴퓨터로 배운 지식은 1년에 불과했다.[84] 그는 설상가상으로 지식 반감기가 점점 짧아지고 있다고 주장한다.

예전에는 학교에서 배운 지식으로 평생을 살았지만, 이제는 몇 년만 지나면 쓸모없는 지식이 더 많아진다. 박사학위를 취득해도 마찬가지다. 그래서 서점에 가면 끊임없이 자기계발 서적이 나오고, 샐러던트saladent까지 등장한다. 샐러리맨salaryman과 학생student의 합성어로, 직장을 다니면서 지속적으로 공부하는 사람을 가리킨다.

샐러던트 증가의 이면에는 평생직장 개념이 사라지는 환경 변화가 있다. 평생직장으로 대변되던 전통적인 경력의 개념이 변하고 있다. 전통적인 경력에서 중시되던 충성도와 직무 안정성보다는 성과와 고용 가능성이 중요해졌다. 실력이 있어야 고용이 유지되고, 새로운 직장에 고용될 수 있다. 또한 조직은 개인의 역량 향상을 전적으로 책임지지 않는다. 단지 도와줄 뿐이다. 우리는 자신의 경력을 스스로 책임져야 하는 시대에 살고 있다.

신입사원 시절 이야기다. 교육 업무를 담당하다 보니 그 누구보다 자기계발의 필요성에 공감했다. 그래서 책을 읽기로 결심했다. 퇴근 후 집에서 책을 읽으면 30분 이상을 버티지 못했다. 피곤해서 졸기 일쑤였다. 책은 강력한 수면제였다. 야근이나 회식으로 늦게 귀가하는 날에는 책을 만져보지도 못하고 잠들었다. 그렇게 하루하루를 보냈다.

그러던 어느 날, 깜짝 놀랄 만한 소식을 들었다. 다른 부서에 근무하는 입사 동기가 노무사 시험에 수석으로 합격한 것이다. 그 친구는 야근과 회식이 많았기에 더욱 놀라웠다. 누구보다 바쁜 와중에도 열심히 공부해서 목표를 달성한 친구가 존경스러웠다.

축하하면서 궁금한 점을 물어봤다. "대단하다. 바쁜데 어떻게 공부했니?"

친구는 웃으며 말했다. "틈틈이 공부했어. 일찍 퇴근하는 날에는 집에서 공부하고, 늦게 퇴근할 것 같은 날에는 아침에 1시간 일찍 출근해서 공부했어."

친구의 말은 내게 큰 자극이 되었다. '나보다 더 바쁜 친구도 열심히 공부했는데, 나는 그동안 뭘 했지?' 바쁘고 피곤하다고 자신에게 변명했던 내 모습이 부끄러웠다.

많은 사람들이 자기계발의 필요성에는 공감하지만 실천

은 마음대로 되지 않는다며 답답해한다. 자기계발의 어려운 점을 묻는 설문에 직장인들은 시간과 의지의 부족을 꼽았다. 바빠서 공부할 시간이 없고, 피곤해서 하기 힘들다는 말이다. 녹록치 않은 현실 속에서 어떻게 하면 자기계발을 효과적으로 할 수 있을까?

꾸준히 성장하는 방법

첫째, 자투리 시간을 활용한다. 출퇴근 시간, 점심시간 또는 취침 전 10분이라도 좋다. 나는 출퇴근 시간에 책을 읽기로 했다. 지하철이 붐벼서 전보다 30분 일찍 출근했다. 퇴근 시간까지 포함해서 하루 1시간 정도 책을 읽었다. 매일 1시간씩 책을 읽으면 일주일에 1권, 1년에 50권을 읽을 수 있다. 이 방법으로 지하철에서 많은 책을 읽었고, 석사와 박사학위, 그리고 PHR(미국 인사전문가 자격)도 취득했다. 이 책도 지하철에서 공부하면서 얻은 아이디어로 구성되었다. 지하철은 내게 책과 논문을 쓰고, 자격증 공부를 하는 도서관이다.

둘째, 경험에서 배운다. 자기계발을 위해 밖에 있는 것만 찾을 필요는 없다. 우리는 인생을 통해 수많은 경험을 하는데, 그 경험을 통해 느끼고 성찰하면서 많은 것을 배울 수 있다. 사회학자 에두아르드 린드만Eduard Lindeman도 "경험은 가장 가치 있는 자원이자 살아있는 교과서"라며 경험을 강조했다.[85] 우리가 매일 반복해서 사소하게 보이는 일상의 경험도 소중한 학습 자료가 될 수 있다. 하지만 단순히 경험이 많다고 성장하는 것은 아니다. 경험을 통해 배우는 경험학습이 이뤄져야 성장할 수 있다.

경험에서 배울 수 있는 좋은 방법은 일기 쓰기와 명상이다. 일기를 쓰거나 명상을 하면 오늘의 경험을 돌아보고 잘한 일과 아쉬운 일을 정리할 수 있으며, 이를 통해 내일의 경험을 준비할 수 있다. 오늘 실수를 했다면 앞으로 주의해야할 점을 성찰할 수 있고, 이해하기 어려운 상황을 경험했다면 역지사지를 통해 다시 한 번 생각할 수 있다.

친구 한 명은 입사 후 지금까지 20년간 업무일지를 썼다. 20년간의 일지는 단순한 기록 이상의 의미를 가진다. 그는 매일 기록하는 습관을 통해 자신의 경험을 해석하고 의미를 부여하면서 꾸준히 성장했다. 그 결과, 회사에서 인정받는 팀장이 되었다. 일기와 명상은 경험학습의 효과적인 방법인데, 10분도 걸리지 않는 간단한 습관이다. 하루 10분이 부담스럽다면 1분 만에 할 수 있는 방법을 소개한다. 잠자리에 들기 전 자신에게 2가지 질문을 한다. '오늘 가장 좋았거나 힘들었

던 경험은 무엇인가? 그 경험에서 무엇을 느끼고 배웠는가?'
간단한 질문을 통해 경험을 성장으로 연결할 수 있다.

셋째, 함께 성장한다. 몇 년 전 가족과 함께 어느 독서 프로그램에 참여했다. 2박3일 동안 다른 것은 하지 않고 하루 종일 책만 읽는 프로그램이었다. 처음에는 이런 행사에 몇 명이나 참여할지 궁금했는데, 700여 명이 참가한 것을 보고 깜짝 놀랐다. 함께 책을 읽으니 평소보다 독서가 즐거웠다.

최근에는 독서모임이 활성화되어 하나의 흐름이 되었다. 책을 읽고 생각을 나누면서 자신의 성장을 추구하는 사람들이 많아진 것이다.

찾아보면 독서나 취미 모임, 교육 프로그램이 많다. 대면 모임이 부담스러우면 온라인 강좌나 모임을 활용한다. 다른 습관과 마찬가지로 자기계발도 혼자보다는 함께 하는 것이 더 재미있고, 실천 가능성이 높다.

실천이
답이다

○

당신은 좋은 습관을 만들기 위해 이 책을 읽었다. 특히 여기까지 읽었다면 당신의 의지력은 좋은 습관을 만들기에 충분하다. 지금까지 다양한 내용을 다루었다면, 이제는 실천을 할 때다. 실천이 답이다. 실천을 위한 3단계 방법을 제안한다.

1단계: ONE HABIT 체크하기

습관 전략 ONE HABIT의 각 항목에 따라 자신이 만들고 싶은 습관을 계획한다. 8가지 전략을 모두 만들 필요는 없지만, 항목별로 점검할 필요는 있다.

첫째, 자신이 가장 만들고 싶은 습관 하나를 선택한다. 이전부터 만들고 싶은 습관도 좋고, 이 책을 읽으면서 떠오른 습관도 좋다. 반드시 하나만 선택해야 한다. 두 개 이상의 습관을 동시에 실천하는 것은 힘들다. 만들고 싶은 습관이 여러 개라면 우선순위를 정해 1순위부터 시작한다. 아직까지 습관을 정하지 못했다면, 의지력을 향상시키는 습관이나 강점과 연결되는 습관을 선택하는 것도 좋다.

둘째, 결과를 어디에 기록할 것인지를 정한다. 다이어리나 애플리케이션을 활용하면 좋다. 자신이 매일 편하게 기록할 수 있는 곳에 하면 된다. 접근성과 편리성이 중요하다. 그리고 쉬운 목표를 세운다. 자신이 세운 목표가 남에게 보이기 위한 거창한 목표가 아니라 자신을 조금씩 성장시킬 수 있는 실속 있는 목표인지를 점검한다. 목표가 너무 쉽다고 생각되면 합격이다.

셋째, 다른 항목들을 점검한다. 새로운 습관과 짝지을 기존 습관은 무엇인지, 습관 행동을 같이할 사람이 있는지, 자신에게 어떤 보상을 할 것인지 점검한다. 최선의 방법이 어렵다면 차선책을 선택한다. 같이할 사람이 없다면 온라인에서 함께할 수 있는 방법을 찾아보고, 자신에게 적합한 보상을 찾아본다. 그리고 오늘부터 시작한다.

구 분	생각할 점
One 하나에 집중한다.	만들고 싶은 단 하나의 습관은 무엇인가?
나의 계획	
Note 결과를 기록한다.	어떻게 기록하고 확인할 것인가? (애플리케이션, 다이어리 등)
나의 계획	
Easy 쉬운 목표를 세운다.	쉽게 할 수 있는가? (부담되면 목표 조정)
나의 계획	
Hurdle 장애를 고려한다.	습관 행동을 방해하는 상황은? 장애 요소 극복 방법은?
나의 계획	
Attach 기존습관에 붙인다.	새로운 습관과 짝지을 기존 습관은? 기존 습관은 매일 하는 습관인가?
나의 계획	
Buddy 친구와 함께한다.	습관을 같이할 사람이 있는가? (없다면 앱이나 SNS를 활용할 것인가?)
나의 계획	
Incentive 자신에게 보상한다.	나에게 어떤 보상을 할 것인가? 이 습관을 왜 하는가?
나의 계획	
Today 오늘부터 시작한다.	오늘부터 바로 시작할 수 있는가? (부담되면 목표를 더 쉽게 조정)
나의 계획	

2단계: 웁Woop 작성하기

웁 단계별로 점검한 후 나만의 계획을 작성한다.

소망Wish

- 측정 가능한 계획인가? (숫자 또는 실행 여부 확인)

    → 운동을 열심히 하겠다. (X) 매일 10분씩 달리겠다. (O)
- 매일 할 수 있는 습관인가?

결과Outcome

- 습관의 궁극적인 목적은 무엇인가?
- 결과를 생각했을 때, 가슴이 뛰는가?

장애Obstacle

- 그냥 하기 싫을 때도 포함되었는가?
- 또 다른 장애는 없는가?

계획Plan

- 변화 문턱 조절 방법 또는 유혹을 피하는 방법을 활용했는가?
- 하지 말 것보다 할 것을 계획했는가?

3단계: 습관 달력 활용하기

이제는 실천이다. 누구나 처음에는 힘차게 출발하지만, 다양한 장애 요소가 습관 형성을 방해한다. 웁에서 예상한 장애를 만나면 계획대로 극복하면 되고, 예상치 못한 장애를 만나면 웁에 새로운 장애와 극복 계획을 추가한다. 습관이 어느 정도 자리잡은 것 같으면 앞에서 소개한 습관 강도 설문(180쪽)으로 습관 정착 여부를 확인한다. 런던대학의 연구 결과에 따르면, 참여자의 25%는 39일 안에 습관을 정착시켰고, 50%는 66일 만에 습관을 완성했다. 66일이 지났는데 습관이 정착되지 않았다고 조급해할 필요는 없다. 참여자의 50%는 습관을 완성하는 데 67일에서 254일이 걸렸다. 6개월이 넘을 수도 있으니, 서두르지 말고 꾸준히 실천하면 좋은 결과가 있을 것이다.

시작이 반이다. 오늘부터 힘차게 시작해보자.

1~2주차

힘차게 출발! 처음이라 어색할 수 있으나,
서서히 익숙해집니다.

1	2	3	4	5	6	7	8	9	10	11	12	13	14

3~4주차

유혹에 힘들 수 있는 시기입니다.
초심을 기억하세요.

15	16	17	18	19	20	21	22	23	24	25	26	27	28

5~6주차

39일 내에 습관이 정착될 확률은 25%입니다.
차분하게 지속하세요.

29	30	31	32	33	34	35	36	37	38	39	40	41	42

7~8주차

지난주와 차이가 없는 것 같지만,
습관이 조금씩 정착되고 있습니다.

43	44	45	46	47	48	49	50	51	52	53	54	55	56

9~10주차

66일 안에 습관이 정착될 확률은 약 50%입니다.

57	58	59	60	61	62	63	64	65	66	67	68	69	70

11~12주차

지금 잘하고 있습니다. 꾸준함이 중요합니다.

71	72	73	74	75	76	77	78	79	80	81	82	83	84

13~14주차

대기만성! 서서히 만들어진 습관이 뿌리를 깊게 내립니다.

85	86	87	88	89	90	91	92	93	94	95	96	97	98

15~16주차

102일 안에 습관이 정착될 확률은 약 75%, 이제 얼마 남지 않았습니다.

99	100	101	102	103	104	105	106	107	108	109	110	111	112

주

인용출처 및 참고문헌

1. University of Scranton.(2015), *New Years Resolution Statistics*.
   http://www.statisticbrain.com/new-years-resolution-statistics

2. Baumeister, R. F., Bratslavsky, E., Muraven, M., & Tice, D. M. (1998), Ego depletion:
   Is the active self a limited resource? *Journal of Personality and Social Psychology,*
   74(5), 1252-1265.

3. Hagger, M. S., Wood, C., Stiff, C., & Chatzisarantis, N. L. D. (2010), Ego depletion
   and the strength model of self-control: A meta-analysis. *Psychological Bulletin,*
   136(4), 495-525.

4. Gailliot, M. T., Baumeister, R. F., DeWall, C. N., Maner, J. K., Plant, E. A., Tice, D. M
   et al. (2007), Self-control relies on glucose as a limited energy source: Willpower
   is more than a metaphor. *Journal of Personality and Social Psychology, 92*(2), 325-
   336.

5. Dansiger, S., Levav, J., & Avnaim-Pesso, L. (2011), Extraneous factors in judicial
   decisions. *Proceedings of the National Academy of Science, 108*(17), 6889-6892.

6. 나덕렬, 《뇌美인》, 위즈덤하우스, 2012.

7. 〈스마트폰 하루 5시간…韓 포함 4개국 '만지작'〉, 아시아경제(2022. 5. 16)

8. 〈Clearing your brain's cache〉, Newsweek(2013. 10. 23.)

9. Raichle, M. E., & Snyder, A. Z. (2007), A default mode of brain function: A brief
   history of an evolving idea. *NeuroImage, 37*(4), 1083-1090.

10. Draganski, B., Gaser, C., Busch, V., Schuierer, G., Bogdahn, U., & May, A. (2004). Changes in gray matter induced by training. *Nature, 427,* 311–312.

11. Taubert, M., Mehnert, J., Pleger, B., & Villringer, A. (2016). Rapid and specific gray matter changes in M1 induced by balance training. *Neurolmage, 133,* 399–407.

12. Oaten, M., & Cheng, K. (2006). Longitudinal gains in self-regulation from regular physical exercise. *British Journal of Health Psychology, 11,* 717–733.

13. Muraven, M. (2010). Building self-control strength. *Journal of Experimental Social Psychology, 46,* 465–468.

14. Frayne, C. A., &Geringer, J. M. (2000). Self-management training for improving job performance. *Journal of Applied Psychology, 85*(3), 361–372.

15. [체력 단련 연구] Oaten, M., & Cheng, K. (2006). Longitudinal gains in selfregulation from regular physical exercise. *British Journal of Health Psychology,* 11, 717–733.

    [공부 습관 연구] Oaten,Cheng, K. (2006). Improvedself-control: the benefits of a regular program of academic study. *Basic and Applied Social Psychology,* 28(1), 1–16.

    [재정 관리 연구] Oaten,Cheng, K. (2007). Improvements in self-control from financial monitoring. *Journal of Economic Psychology,* 28(4), 487–501.

16. Seligman, M. E. P., 《마틴 셀리그만의 긍정심리학》, 물푸레, 2014.

17. Emmons, R. A., & McCullough, M. E. (2003). Counting blessing versus burdens: An experimental investigation of gratitude and subjective well-being in daily life. *Journal of Personality and Social Psychology, 84*(2), 377–389.

18. Oaten, M., & Cheng, K. (2005). Academic examination stress impairs self-control. *Journal of Social and Clinical Psychology, 24*(2), 254–279.

19. Perkins, A. M., & Corr, P. J. (2005). Can worriers be winners? The association between worrying and job performance. *Personality and Individual Differences, 38,* 25–31.

20. Siddique, H. I., LaSalle-Ricci, V. H., Glass, C. R., Arnkoff, D. B., & Diaz, R. J. (2006). Worry, optimism, and expectation as predictors of anxiety and performance in the first year of law school. *Cognitive Therapy and Research, 30,* 667–676.

21. Watkins, E. R. (2008). Constructive and unconstructive repetitive thought. *Psychological Bulletin, 134*(2), 163–206.

22. Pacanowski, C. R., & Levitsky, D. A. (2015). Frequent self-weighing to visual feedback for weight loss in overweight adults. *Journal of Obesity,* Article ID 763680, 9 pages.

23. Wing, R. R., Tate, D. F., Gorin, A. A., Raynor, H. A., & Fava, J. L. (2007). "STOP Regain": Are there negative effects of daily weighing? *Journal of Consulting and Clinical Psychology, 75*(4), 652–656.

24. Oettingen, G. (2012). Future thought and behaviour change. *European Review of Social Psychology, 23,* 1–63.

25. Johannessen, K. B., Oettingen, G., & Mayer, D. (2012), Mental contrasting of a dieting wish improves self-reported health behaviour. *Psychology & Health*, *27*(2), 43–58.

26. Gollwitzer, P. M., & Sheeran, P. (2006), Implementation intentions and goal achievement: A meta-analysis of effects and processes. *Advances in experimental social psychology*, *38*, 9-119.

Schweiger, G. I., Keil, A., McCulloch, K. C., Rockstroh, B., & Gollwitzer, P. M. (2009), Strategic automation of emotion control. *Journal of Personality and Social Psychology*, *96*(1), 11-31.

27. Stadler, G., Oettingen, G., & Gollwitzer, P. M. (2009), Physical activity in women: Effects of a self-regulation intervention. *American Journal of Preventive Medicine*, *36*(1), 29-34.

28. Stadler, G., Oettingen, G., & Gollwitzer, P. M. (2010), Intervention effects of information and self-regulation on eating fruits and vegetables over two years. *Health Psychology*, *29*(3), 274-283.

29. Christakis, N. A., & Fowler, J. H. (2007), The spread of obesity in a large social network over 32 years. *The New England Journal of Medicine*, *357*(4), 370–379.

30. Christakis, N. A., & Fowler, J. H. (2008), The collective dynamics of smoking in a large social network. *The New England Journal of Medicine*, *358*(21), 2249–2258.

31. Christakis, N. A., & Fowler, J. H. 《행복은 전염된다》, 김영사, 2010.

32. Jackson, S. E., Steptoe, A. S., & Wardle, J. (2015), The influence of partner's behavior on health behavior change: The english longitudinal study of ageing. *JAMA Internal Medicine*, *175*(3), 385–392.

33. Fishbach, A., & Converse, B. A. (2012), Identifying and battling temptation. In K. D. Vohs & R. F. Baumeister. (Eds.), *The handbook of self-regulation* (pp. 244-262). New York: The guilford press.

34. Wrzesniewski, A., McCauley, C., Rozin, R., Schwarts, B. (1997), Jobs, careers, and calling: People's relations to their work. *Journal of Research in Personality*, *31*(1), 21–33.

35. Muraven, M. (2008), Autonomous self-control is less depleting. *Journal of Research in Personality*, *42*, 763–770.

36. Verplanken, B., & Roy, D. (2016), Empowering interventions to promote sustainable lifestyles: Testing the habit discontinuity hypothesis in a field experiment. *Journal of Environmental Psychology*, *45*, 127–134.

37. Wood, W., Witt, M. G., & Tam, L. (2005), Changing circumstances, disrupting habits. *Journal of Personality and Social Psychology*, *88*(6), 918–933.

38. Achor, S. 《행복의 특권》, 청림출판, 2012.

39. Wegner, D. M., Schneider, D. J., Carter Ⅲ, S. R., & Whiter, T. L. (1987), Paradoxical

effects of thought suppression. *Journal of Personality and Social Psychology,* *53*(1), 5–13.

40. Pennebaker, J. W. & Sanders, D. Y. (1976). American graffiti: Effects of authority and reactance arousal. *Personality and Social Psychology Bulletin, 2*(3), 264–267.

41. Naomi, G. (2015, January 1). *Never have a back–up plan, put your money at stake and don't say 'don't'.* Dailymail Online.

42. 김덕성·정귀수·장서연, 《살려는 드릴게》, 씨앗을뿌리는사람, 2015.

43. 박용철, 《감정은 습관이다》, 추수밭, 2013.

44. Gross, J. J. (2001), Emotion regulation in adulthood: Timing is everything. *Current Directions in Psychological Science, 10,* 214–219.

45. Neal, D. T., Wood, W., Wu, M., & Kurlander, D. (2011), The pull of the past: When do habits persist despite conflict with motives? *Personality and Social Psychology Bulletin, 37*(11), 1428–1437.

46. Lally, P., Wardle, J., & Gardner, B. (2011), Experiences of habit formation: A qualitative study. Psychology, *Health & Medicine, 16*(4), 484–489.

47. Fishbach, A., & Zhang, Y. (2008), Together or apart: When goals and temptations complement versus compete. *Journal of Personality and Social Psychology, 94*(4), 547–559.

48. Painter, J. E., Wansink, B., & Hieggelke, J. B. (2002), How visibility and convenience influence candy consumption. *Appetite, 38,* 237–238.

49. Fishbach, A., & Zhang, Y. (2008), Together or apart: When goals and temptations complement versus compete. *Journal of Personality and Social Psychology, 94*(4), 547–559.

50. Neal, D. T., Wood, W., Wu, M., & Kurlander, D. (2011), The pull of the past: When do habits persist despite conflict with motives? *Personality and Social Psychology Bulletin, 37*(11), 1428–1437.

51. McRae, K., Ochsner, K. N., & Gross, J. J. (2012), The reason in passion: A social cognitive neuroscience approach to emotion regulation. In K. D. Vohs & R. F. Baumeister. (Eds.), *The handbook of self–regulation* (pp. 186–203). New York: The guilford press.

52. Buehler et al(1994), Exploring the "planning fallacy": why people underestimate their task completion times. *Journal of Personality and Social Psychology, 67*(3), 366–381.

53. Tangney, J. P., Baumeister, R. F., & Boone, A. L. (2004), High self–control predicts good adjustment, less pathology, better grades, and interpersonal success. *Journal of Personality, 72*(2), 271–322.

54. Lally, P., Van Jaarsveld, C. H. M., Potts, H. W. W., & Wardle, J. (2010), How are habits formed: modelling habit formation in the real world. *European Journal of Social Psychology, 40,* 998–1009.

55. 〈한국은 커피공화국…검고 뜨거운 커피에 중독된 한국인〉, 매일경제(2022. 10. 28).

56. Verplanken, B., & Orbell, S. (2003), Reflections on past behavior: A self-report index of habit strength. *Journal of Applied Social Psychology, 33*(6), 1313–1330.

57. Scholer, A. A., & Higgins, E. T. (2012), Promotion and prevention systems. In K. D. Vohs & R. F. Baumeister. (Eds.), *The handbook of self-regulation* (pp. 143–161). New York: The guilford press.

58. Fuglestad, P. T., Rothman, A. J., & Jeffery, R. W. (2008), Getting there and hanging on: The effect of regulatory focus on performance in smoking and weight loss interventions. *Health Psychology, 27*, 260–270.

59. Maxwell, J. C., 《리더의 조건》, 비즈니스북스, 2012.

60. Peterson, C., & Seligman, M. E. P. (2004), *Character strength and virtues: A handbook and classification*. Oxford University Press.

61. 문화체육관광부, 〈2021 국민생활체육조사〉, 2022.

62. Ekelund, U et al. (2015), Physical activity and all-cause mortality across levels of overall and abdominal adiposity in European men and women: The European prospective investigation into cancer and nutrition study(EPIC). *American Journal of Clinical Nutrition, 101*(3), 613–621.

63. Kraschnewski, J. L et al. (2010), Long-term weight loss maintenance in the United States. *International Journal of Obesity, 34*, 1644–1654.

64. Ayyad, C., & Andersen, T. (2000), Long-term efficacy of dietary treatment of obesity: A systematic review of studies published between 1931 and 1999. *Obesity Reviews, 1*, 113–119.

65. De Vet, E., Stok, F. M., De Wit, J. B. F., & De Ridder, D. T. D. (2015), The habitual nature of unhealthy snacking: How powerful are habits in adolescence? *Appetite, 95*, 182–187.

66. 〈노력하지 않고도 날씬한 사람들의 비밀〉, 세계일보(2016. 3. 5.)

67. Ayyad, C., & Andersen, T. (2000), Long-term efficacy of dietary treatment of obesity: A systematic review of studies published between 1931 and 1999. *Obesity Reviews, 1*, 113–119.

68. Cappelleri, J. C et al. (2009), Evaluating the power of food scale in obese subjects and a general sample of individuals: Development and measurement properties. *International Journal of Obesity, 33*, 913–922.

69. De Vet, E et al. (2014). Assessing self-regulation strategies: Development and validation of the tempest self-regulation questionnaire for eating (TESQ-E) in adolescents. *International Journal of Behavioral Nutrition and Physical Activity, 11*(106), 1–15.

70. Dufrene, B. A., Watson, T. S., & Kazmerski, J. S. (2008), Functional analysis and treatment of nail biting. *Behavior Modification, 32*(6), 913 –927

71. Deckersbach, T., Rauch, S., Buhlmann, U., & Wilhelm, S. (2006), Habit reversal

versus supportive psychotherapy in Tourette's disorder: A randomized controlled trial and predictors of treatment response. *Behaviour Research and Therapy, 44,* 1079–1090.

72. Duhigg, C., 《습관의 힘》, 갤리온, 2014.

73. 이승희, 박지은(2007), 〈패션상품 쇼핑중독에 대한 영향요인: 일반쇼핑과 인터넷쇼핑의 비교〉, 한국의류학회지, 31(2), 269–279.

74. Pocheptsova, A., Amir, O., Dhar, R., &Baumeister, R. F. (2009), Deciding without resources: Resource depletion and choice in context. *Journal of Marketing Research, 46*(3), 344–355.

75. Oaten,M.& Cheng, K. (2007), Improvements in self–control from financial monitoring. *Journal of Economic Psychology, 28*(4), 487–501.

76. Rook, D. W., & Gardner, M. P. (1993), In the mood: Impulse buying's affective antecedents. *Research in Consumer Behavior, 6,* 1–8.

77. Mathur, A., Moschis, G. P., & Lee, E. (2008), A longitudinal study of the effects of life status changes on changes in consumer preferences. *Journal of the Academic Marketing Science, 36,* 234~246.

78. Chae, B., & Zhu, R. (2014), Environmental disorder leads to self–regulatory failure. *Journal of Consumer Research, 40,* 1203–1218.

79. Hughes, J. R., Gulliver, S. B., Fenwick, J. W., Valliere, W. A., Cruser, K., Pepper, S., et al. (1992), Smoking cessation among self–quitters. *Health Psychology, 11,* 331-334.

80. Sayette, M. A. & Griffin, K. M. (2012), Self–Regulatory Failure and Addiction. In K. D. Vohs & R. F. Baumeister. (Eds.), *The handbook of self–regulation* (pp. 505–521). New York: The guilford press.

81. Armitage, C. J. (2008), A volitional help sheet to encourage smoking cessation: A randomized exploratory trial. *Health Psychology, 27*(5), 557–566.

82. Armitage, C. J. (2016), Evidence that implementation intentions can overcome the effects of smoking habits. *Health Psychology.* Advance online publication. http://dx.doi.org/10.1037/hea0000344

83. Gine, X., Karlan, D., & Zinman, J. (2010), Put your money where your butt is a commitment contract for smoking. *Policy Research Working Paper* 4985.

84. Arbesman, S., 《지식의 반감기》, 책읽는수요일, 2014.

85. Lindeman, E. (1961), *The meaning of adult education.* Montreal: Harvest House.

새로운 나를 만드는 기적의 습관도구

원 해빗

초판 1쇄 발행 2023년 1월 31일

지은이 한상만
펴낸이 성의현
펴낸곳 (주)미래의창

편집주간 김성옥
디자인 윤일란
홍보 및 마케팅 연상희 · 이보경 · 정해준 · 김제인
출판 신고 2019년 10월 28일 제2019-000291호
주소 서울시 마포구 잔다리로 62-1 미래의창빌딩(서교동 376-15, 5층)
전화 070-8693-1719 **팩스** 0507-1301-1585
홈페이지 www.miraebook.co.kr
ISBN 979-11-972934-4-3 03320

※ 책값은 뒤표지에 있습니다.

생각이 글이 되고, 글이 책이 되는 놀라운 경험. 미래의창과 함께라면 가능합니다.
책을 통해 여러분의 생각과 아이디어를 더 많은 사람들과 공유하시기 바랍니다.
투고메일 togo@miraebook.co.kr (홈페이지와 블로그에서 양식을 다운로드하세요)
제휴 및 기타 문의 ask@miraebook.co.kr